El Benani Bouazza

Etude et planification des tournées pour les visites à domicile

El Benani Bouazza

Etude et planification des tournées pour les visites à domicile

Formulation mathématique du problème de tournées et approches méta-heuristiques efficaces pour sa résolution

Presses Académiques Francophones

Impressum / Mentions légales

Bibliografische Information der Deutschen Nationalbibliothek: Die Deutsche Nationalbibliothek verzeichnet diese Publikation in der Deutschen Nationalbibliografie; detaillierte bibliografische Daten sind im Internet über http://dnb.d-nb.de abrufbar.
Alle in diesem Buch genannten Marken und Produktnamen unterliegen warenzeichen-, marken- oder patentrechtlichem Schutz bzw. sind Warenzeichen oder eingetragene Warenzeichen der jeweiligen Inhaber. Die Wiedergabe von Marken, Produktnamen, Gebrauchsnamen, Handelsnamen, Warenbezeichnungen u.s.w. in diesem Werk berechtigt auch ohne besondere Kennzeichnung nicht zu der Annahme, dass solche Namen im Sinne der Warenzeichen- und Markenschutzgesetzgebung als frei zu betrachten wären und daher von jedermann benutzt werden dürften.

Information bibliographique publiée par la Deutsche Nationalbibliothek: La Deutsche Nationalbibliothek inscrit cette publication à la Deutsche Nationalbibliografie; des données bibliographiques détaillées sont disponibles sur internet à l'adresse http://dnb.d-nb.de.
Toutes marques et noms de produits mentionnés dans ce livre demeurent sous la protection des marques, des marques déposées et des brevets, et sont des marques ou des marques déposées de leurs détenteurs respectifs. L'utilisation des marques, noms de produits, noms communs, noms commerciaux, descriptions de produits, etc, même sans qu'ils soient mentionnés de façon particulière dans ce livre ne signifie en aucune façon que ces noms peuvent être utilisés sans restriction à l'égard de la législation pour la protection des marques et des marques déposées et pourraient donc être utilisés par quiconque.

Coverbild / Photo de couverture: www.ingimage.com

Verlag / Editeur:
Presses Académiques Francophones
ist ein Imprint der / est une marque déposée de
OmniScriptum GmbH & Co. KG
Heinrich-Böcking-Str. 6-8, 66121 Saarbrücken, Deutschland / Allemagne
Email: info@presses-academiques.com

Herstellung: siehe letzte Seite /
Impression: voir la dernière page
ISBN: 978-3-8381-4357-6

Copyright / Droit d'auteur © 2014 OmniScriptum GmbH & Co. KG
Alle Rechte vorbehalten. / Tous droits réservés. Saarbrücken 2014

RÉSUMÉ

Les soins et services à domicile sont au cœur des transformations actuelles du système de santé. Ils jouissent d'une attention particulière proportionnelle à leur importance croissante. Leur développement s'inscrit dans une politique d'amélioration de la qualité et de la rentabilité du système de santé pour faire face au vieillissement de la population, à la croissance des coûts et au désir de nombreuses personnes d'être soignées à la maison.

Dans ce travail, nous nous intéressons, au problème de la planification des tournées des intervenants en santé pour les visites à domicile. Le but de ce travail consiste donc à planifier des tournées pour desservir tous les patients rattachés à un établissement de santé en tenant compte d'un certain nombre de contraintes caractérisant le milieu des soins à domicile. En effet, en plus des contraintes classiques communes aux problèmes de routage, notre problème introduit de nouvelles contraintes telles que les contraintes sur les prises de sang, la continuité des soins et la possibilité pour les intervenants de compléter leur service dans d'autres secteurs que celui auquel ils sont rattachés.

Dans un premier temps, nous décrivons et nous formulons ces différentes contraintes, et de là nous dégageons notre modèle qui peut être vu comme une généralisation du problème de tournées de véhicules avec fenêtres de temps sans contraintes de capacité.

Dans un second temps, nous abordons la résolution du problème. En nous basant sur l'aspect du découpage du problème en plusieurs secteurs, nous avons adapté deux méthodes de résolution du problème propre au secteur. De plus, nous avons proposé un mécanisme mono solution de résolution du problème global pour l'ensemble des secteurs qui permet de produire deux variantes selon l'utilisation de l'une ou l'autre des méthodes de résolution au niveau du secteur. Nous avons mis en place une nouvelle approche de résolution multi solutions fortement inspirée de la recherche par dispersion (scatter search) de Glover *et al.* [40] utilisant un pool de solutions. Ce mécanisme de résolution est utilisé pour générer les pools de solutions. L'étude de l'effet de la valeur des paramètres est analysée avec un premier jeu de problèmes générés aléatoirement. Après avoir déterminé les valeurs pour les paramètres à partir de cette analyse, nous utilisons nos méthodes de résolution pour résoudre des problèmes tirés d'une application réelle pour le service des soins à domicile du CLSC Les Forges de Trois-Rivières. Les résultats obtenus sont très encourageants et montrent l'intérêt de ces méthodes.

Mots clés : visites à domicile, tournées des intervenants, mémoire adaptative, liste d'attente, pool de solutions, recherche Tabou, mécanisme de résolution, recherche par dispersion.

ABSTRACT

Home care delivery services are a major issue of the current transformation of the health system. They represent a component of the health care system having a growing importance to improve the quality of service and the cost effectiveness of the health care system in view of the ageing population, the growth of costs and of the people's desire to receive service at home.

In this work, we deal with the planning of the delivery routes used by the health workers to perform the home care services. The objective is to determine efficient routes to serve all patients for which a specified health establishment is responsible while accounting for specific constraints. In addition to the usual constraints of routing problems, we have to account for specific constraints that limit the time before returning blood samples, require that the service be provided by the same worker during the whole treatment period of a patient, and allow a worker to complete visits in another sector than his own.

We provide a mathematical formulation for these various constraints to derive a model that can be seen as a generalization of the vehicle routing problem with time windows, but without capacity constraints.

We then introduce solution procedures. Since the area serviced by a health establishment is usually divided into sectors, we first specify two different solving methods for the problem related to one sector. Then we propose a mono solution mechanism to solve the global problem including all sectors. The initial solution used in the mono solution mechanism is obtained by combining the solutions of the problems related to each sector generated by one of our solving methods. To generate even better solutions, we introduce a multi solutions approach strongly related to the scatter search approach proposed by Glover *et al.* [40] which is relying on a pool of solutions. Here the solutions in the initial pool are generated with the mono solution mechanism.

We use a set of randomly generated problems to analyze the impact of the parameter values of the different procedures. Once we identify proper values for the parameters, we solve problems coming from a real world application using the different variants of our methods. The numerical results are very encouraging and indicate the advantage of using our methods to solve real world applications.

Keywords: home care delivery service, routing, adaptive memory, holding list, pool of solutions, Tabu search, scatter search, solutions procedures.

TABLE DES MATIÈRES

RÉSUMÉ 1
ABSTRACT 3
TABLE DES MATIÈRES 5
LISTE DES FIGURES 9
LISTE DES TABLEAUX 10
REMERCIEMENTS 12
Introduction 14
Chapitre 1 Le problème des soins à domicile 21
   1.1 Description du problème des tournées des visites à domicile 22
   1.2 Revue de la littérature du problème des tournées pour les visites à domicile 24
Chapitre 2 Modélisation mathématique du problème 29
   2.1 Découpage du territoire 29
   2.2 Modélisation mathématique du problème des tournées des intervenants propre à un secteur 31
      2.2.1 Modèle M1 (modèle de VRPTW sans les contraintes de capacité) 31
      2.2.2 Modèle M2 (modèle M1 et contraintes de prises de sang) 36
      2.2.3 Modèle M3 (modèle M2 et contraintes de continuité des soins) .. 43
   2.3 Modèle global Mg 45
   2.4 Caractéristiques de notre modélisation 48
Chapitre 3 Résolution du problème propre à chaque secteur 50
   3.1 Éléments de résolution 50
      3.1.1 Revue de la littérature sur le VRPTW 51
      3.1.2 Rappel de la méthode de recherche Tabou 53

3.1.2.1 Voisinage 54
3.1.2.2 Liste Tabou 55
3.1.2.3 Critère d'aspiration 55
3.1.2.4 Critère d'arrêt 56
3.1.2.5 Stratégies d'intensification et de diversification 56
    3.1.2.5.1 Intensification 57
    3.1.2.5.2 Diversification 57
3.1.2.6 Algorithme standard de la recherche Tabou (TS) 58
3.2 Particularités de la recherche Tabou pour le VRPTW 59
  3.2.1 Opérateur λ-opt 59
  3.2.2 Opérateur 2-opt* 60
  3.2.3 Opérateur Or-opt 60
  3.2.4 Opérateur Relocate 61
  3.2.5 Opérateur Exchange 62
  3.2.6 Opérateur λ-échange 63
3.3 Résolution du problème propre à un secteur 63
  3.3.1 Recherche Tabou appliquée à notre problème 64
    3.3.1.1 Génération du voisinage 64
      3.3.1.1.1 Structure de la tournée d'un intervenant 65
      3.3.1.1.2 Meilleur voisin 67
    3.3.1.2 Structure de la liste Tabou 68
    3.3.1.3 Critère d'aspiration 69
    3.3.1.4 Critère de comparaison de deux solutions 69
3.4 La méthode de type Lau pour la résolution du problème propre à chaque secteur 70
  3.4.1 Liste d'attente (holding list) 70
  3.4.2 Approche de résolution de Lau *et al.* [55] 71

3.4.3 Adaptation de l'approche de Lau *et al*. [55] pour la résolution du problème propre à chaque secteur 72

3.4.4 Algorithme de la méthode de type Lau.. 73

3.5 La méthode de type Solomon-Tabou pour la résolution du problème propre à chaque secteur 74

3.5.1 Algorithme de l'heuristique d'insertion de Solomon [72]............ 75

3.5.2 Algorithme de la méthode de type Solomon-Tabou..................... 76

Chapitre 4 Résolution du problème global.. 78

4.1 Mécanisme de résolution du problème global Mg............................. 78

4.2 Approche de résolution multi solutions pour le problème global 79

4.2.1 Recherche par dispersion et mémoire adaptative 80

4.2.2 Mémoire adaptative pour notre problème................................... 83

4.2.3 Génération d'une nouvelle solution à partir du pool 84

4.2.4 Réparation d'une solution partielle.. 87

4.2.5 Amélioration de la solution et mise à jour des pools.................... 88

Chapitre 5 Résultats des Expérimentations 90

5.1 Tests pour le problème propre au secteur 90

5.1.1 Génération des problèmes.. 90

5.1.2 Paramètres du modèle M3 et de la recherche Tabou.................... 92

5.1.3 Résultats numériques 93

5.1.4 Comparaison avec Cplex 9.0 96

5.2 Tests pour le problème global Mg.. 98

5.2.1 Génération des problèmes.. 99

5.2.2 Paramètres du modèle Mg et de la recherche Tabou................... 101

5.2.3 Résultats numériques 102

5.2.3.1 Influence des opérateurs de sélection 102

5.2.3.2 Influence des modes de suppression 107

5.2.3.3 Influence de la taille des pools 112

5.2.3.4 Comparaison des techniques de résolution du problème global
.... 115

5.3 Deuxième jeu de problèmes 121

5.4 Résumé 127

Conclusion et perspectives 128

Bibliographie 131

LISTE DES FIGURES

Figure 2.1 : Exemple de sous tour 35

Figure 3.1 : Opérateur 2-opt 60

Figure 3.2 : Opérateur 2-opt* 60

Figure 3.3 : Opérateur Or-opt 61

Figure 3.4 : Opérateur Relocate 62

Figure 3.5 : Opérateur Exchange 62

Figure 3.6 : Structure des tournées des intervenants 66

Figure 3.7 : Diagramme de transition entre les différents types de tournées 67

Figure 4.1 : Construction d'une solution à partir des pools 87

Figure 5.1 : Définition de la notion de voisinage entre deux secteurs 101

Figure 5.2 : Évolution dans le temps de la trajectoire de déscente des approches de type Lau et de type Solomon-Tabou 120

Figure 5.3 : Les secteurs desservis par le CLSC Les Forges à Trois-Rivières 122

Figure 5.4 : Tournée de l'intervenant 0188 dans la solution manuelle 123

Figure 5.5 : Tournée de l'intervenant 0188 dans la meilleure solution 124

LISTE DES TABLEAUX

Tableau 3.1 : Algorithme général de la recherche Tabou 58

Tableau 3.2 : Algorithme de la méthode de type de Lau 73

Tableau 3.3 : Heuristique d'insertion de Solomon [72] 76

Tableau 3.4 : Algorithme de la méthode de type Solomon-Tabou 77

Tableau 4.1 : Mécanisme de résolution du problème global 79

Tableau 4.2 : Algorithme de l'approche multi solutions 80

Tableau 5.1 : Comparaison des méthodes de résolution du problème propre au secteur 96

Tableau 5.2 : Comparaison des méthodes de résolution du problème propre au secteur avec Cplex 9.0 97

Tableau 5.3 : Comparaison des opérateurs de sélection pour l'approche de type Lau 103

Tableau 5.4 : Moyennes des opérateurs de sélection pour l'approche de type Lau 104

Tableau 5.5 : Comparaison des opérateurs de sélection pour l'approche de type Solomon-Tabou 106

Tableau 5.6 : Moyennes des opérateurs de sélection pour l'approche de type Solomon-Tabou 106

Tableau 5.7 : Comparaison des modes de suppression 109

Tableau 5.8 : Moyennes des modes de suppression pour l'approche de type Lau 109

Tableau 5.9 : Comparaison des modes de suppression sur l'approche de type Solomon-Tabou 111

Tableau 5.10 : Moyennes des modes de suppression pour l'approche de type Solomon-Tabou 111

Tableau 5.11 : Influence de la taille du pool sur l'approche de type Lau .. 112

Tableau 5.12 : Moyennes des tailles du pool pour l'approche de type Lau 113

Tableau 5.13 : Influence de la taille du pool sur l'approche de type Solomon-Tabou 114

Tableau 5.14 : Moyennes des tailles du pool pour l'approche de type Solomon-Tabou 114

Tableau 5.15 : Moyennes pour les techniques de résolution 117

Tableau 5.16 : Caractéristiques des problèmes réels 122

Tableau 5.17 : Irrégularités des solutions manuelles 125

Tableau 5.18 : Résultats des problèmes réels 126

REMERCIEMENTS

Mes remerciements les plus vifs et chaleureux, empreints d'une reconnaissance admirable, vont à mon directeur de thèse Jacques Ferland pour son aide, sa confiance, ses orientations judicieuses et sa disponibilité.

Je tiens à exprimer ma reconnaissance à Viviane Gascon, Professeur au département des sciences de la gestion, Université du Québec à Trois-Rivières, co-directrice de cette thèse. Son aide tant scientifique que personnelle, ainsi que ses conseils ont soutenu mon travail de recherche.

Mes remerciements vont ensuite aux membres du jury :

À Monsieur Bernard Gendron, Professeur au DIRO qui a accepté la lourde tâche de rapporteur de cette thèse.

À Monsieur Jean-Yves Potvin, Professeur au DIRO membre du jury.

À Monsieur Gilles Roland d'Avignon, Professeur à l'Université de Laval à Québec, examinateur externe.

Je souhaite aussi remercier Ginette Gélinas du CLSC Les Forges de Trois-Rivières pour les données et sa disponibilité à répondre à toutes nos questions.

Je tiens également à remercier les membres du Laboratoire Optimisation et Simulation pour leur soutien durant ces années. Plus particulièrement Richard, Amina, Nabil, Mohammed, Khaled. Merci également à mes amis et à mes beaux-frères qui m'ont apporté soutien et détente durant cette thèse; Mhammed, Hicham, Said et tous ceux qui s'y reconnaitront. J'aimerais remercier du fond du cœur mes parents, ma famille et ma belle-famille qui ont toujours porté un intérêt à ce que je faisais....

Enfin je tiens à terminer, en remerciant tout particulièrement Badia, ma femme, et mes enfants Ilias, Sara, Adam, pour leur patience et surtout leur compréhension pendant mes absences (week-ends, jours fériés…) et pendant mes soirées studieuses devant mon ordinateur portable.

Introduction

Un ensemble de rapports de Santé Canada [68-70], nous a servi de support pour cette introduction aux soins à domicile au Canada, en général, et au Québec en particulier.

Les soins et services à domicile sont au cœur des transformations actuelles du système de santé. Ils jouissent d'une attention particulière proportionnelle à leur importance croissante. Leur développement s'inscrit dans une politique d'amélioration de la qualité et de la rentabilité du système de santé pour faire face au vieillissement de la population, à la croissance des coûts et au désir de nombreuses personnes de recevoir des soins à la maison. Les soins à domicile visent à satisfaire les besoins de différents groupes de personnes comme :

- les personnes âgées en perte d'autonomie ;
- les personnes handicapées ;
- les personnes atteintes d'une maladie chronique ;
- les patients ayant subi une chirurgie d'un jour ;
- les patients nécessitant des traitements médicaux pré et postopératoires.

Tous ces besoins ont augmenté les pressions exercées sur le système des soins à domicile et les attentes à son égard. Les réformes touchant les soins de santé entraînent une augmentation du nombre de patients nécessitant des soins à domicile. Les soins à domicile sont perçus dans le renouvellement du système de santé comme une solution de rechange qui permet de fournir des soins de grande qualité, efficaces et axés sur les patients. Ils permettent aussi aux patients de demeurer dans leur environnement familial et social, de ne plus dépendre d'un établissement de santé, et surtout, leur plus grand avantage, d'être moins coûteux qu'une hospitalisation. Malgré tous ces avantages, les soins à domicile ont l'inconvénient de contribuer à l'isolement des patients et, dans ce cas, les intervenants doivent satisfaire aussi bien aux besoins sociaux que médicaux. Ces services de soins à domicile sont en général dispensés par deux niveaux d'intervenants :

- les professionnels comme les médecins, les infirmières, les physiothérapeutes, les ergothérapeutes, les orthophonistes, les travailleurs sociaux, les diététistes ;
- les travailleurs non réglementés comme les aides familiales et les préposés aux soins personnels.

Malgré les différents types de personnel impliqués dans les soins à domicile, seule l'appellation intervenant sera utilisée dans cette thèse. Elle fait principalement référence aux infirmières.

Pour répondre aux besoins immédiats des patients, les intervenants doivent posséder de nombreuses qualités personnelles, les connaissances nécessaires et les compétences requises pour fournir des soins de haute qualité :

- ils doivent être en mesure d'établir des relations de travail cordiales et étroites avec les patients et leurs familles ;
- ils doivent être autonomes et capables de résoudre des problèmes ;
- ils doivent idéalement avoir des horaires souples qui conviennent à certains patients.

Il existe aussi une nouvelle forme de soins à domicile appelée les télésoins à domicile qui sont définis comme étant l'utilisation des technologies de l'information et des communications pour permettre la prestation et la gestion efficaces de services de santé à la résidence d'un patient. Elles permettent aux patients d'obtenir leur congé de l'hôpital plus tôt. Mais ces derniers ont souvent besoin de services de soins de santé supplémentaires et d'un contrôle de leur état de santé. Ainsi, le lieu de prestation des soins se rapproche du patient. Ceci est important pour les patients qui sont dans les dernières phases de leur vie.

Pour aborder le problème des soins à domicile, nous sommes confrontés à un ensemble non négligeable de contraintes qu'il faut prendre en compte :

Préférences du patient :
- avoir toujours le même intervenant ;
- la visite doit avoir lieu au même moment à chaque jour ;
- réserver un temps supplémentaire pour le soutien psychologique (discuter).

Préférences des intervenants :
- avoir des jours de travail successifs ;
- éviter de travailler la fin de la semaine ;
- avoir congé certains jours spécifiques.

Contraintes de type syndical :
- respecter les règles de la convention collective telles que les heures de travail ;
- respecter les qualifications et l'expérience pour un type de travail spécifique.

Qualifications des infirmières :
- formation spécifique selon les besoins médicaux ;
- qualifications spéciales ;
- capacité à gérer le stress.

Contraintes médicales :
- certaines visites doivent être effectuées à des heures spécifiques de la journée ;

- certains patients, sous surveillance, nécessitent plusieurs visites par jour ou plusieurs visites par semaine.

Dans ce travail, nous nous intéressons au problème de la planification des visites à domicile des intervenants en santé qui peut être vu comme un des sous problèmes des soins à domicile. Ce problème met l'accent sur la planification et l'optimisation des tournées des intervenants pour les visites à domicile en tenant compte de contraintes propres au problème et de contraintes que nous retrouvons également dans d'autres problèmes comme celui des tournées de véhicules avec fenêtres de temps, par exemple.

Le chapitre 1 présente le problème des soins à domicile. Ce problème est composé de trois problèmes : un problème de découpage du territoire, un problème de tournées des intervenants et un problème des horaires des intervenants. Seul le problème de tournées des intervenants est étudié dans ce travail. Le reste du chapitre est consacré à une revue bibliographique des travaux ayant abordé spécifiquement le problème des soins à domicile.

Dans le chapitre 2, nous décrivons et nous formulons les différentes contraintes du problème des visites à domicile. Ce même chapitre décrit aussi une modélisation mathématique du problème. Nous présentons une suite de modèles permettant d'introduire les contraintes propres à notre contexte des visites à domicile, comme les contraintes de prises de sang, de continuité des soins et la possibilité de répartir les services des intervenants entre les secteurs. Ensuite, nous générons notre modèle qui peut être considéré comme une généralisation du problème de tournées de véhicules avec fenêtres de temps sans contraintes de capacité.

Le chapitre 3 est consacré à la résolution du problème restreint à un secteur. Nous introduisons un bref résumé de la revue bibliographique du problème de tournées de véhicules avec fenêtres de temps ainsi que certains de ses opérateurs de voisinage. Ensuite, nous rappelons les éléments de base de la recherche Tabou standard qui est au cœur de nos méthodes de résolution du problème propre à un secteur et nous précisons l'adaptation de ses éléments à notre problème. Dans un second temps, nous décrivons nos méthodes de résolution du problème propre à un secteur. La première méthode, inspirée de l'approche de Lau, Slim et Teo [55], utilise une version standard de la méthode Tabou et une liste d'attente pour les patients non encore visités. La deuxième méthode correspond à une recherche Tabou qui utilise l'heuristique d'insertion de Solomon [72] pour générer une solution initiale.

Le chapitre 4 décrit un mécanisme de résolution et une approche multi solutions pour la résolution du problème global. Le mécanisme de résolution permet de générer une solution globale à partir des solutions générées pour les problèmes propres à chaque secteur. L'approche multi solutions est fortement inspirée du principe des pools utilisé par la méthode de la recherche par dispersion (scatter search) de Glover, Laguna et Marti [40]. Le mécanisme de résolution est utilisé pour alimenter les pools en solutions du problème global. En utilisant les deux méthodes de résolution du problème propre à un secteur pour initialiser le mécanisme de résolution, nous nous retrouvons avec deux variantes de ce dernier et, par conséquent, deux variantes de l'approche de résolution multi solutions. Nous détaillons dans le reste du chapitre les différentes composantes de cette approche multi solutions.

Le chapitre 5 présente nos résultats expérimentaux. Nous appliquons nos méthodes de résolution aux problèmes propres à chaque secteur et nos techniques de résolution du problème global sur deux jeux de problèmes : un jeu de problèmes aléatoires et un cas réel basé sur les données obtenues du CLSC Les Forges de Trois-Rivières. Une comparaison des résultats obtenus avec les méthodes de résolution des problèmes propres à un secteur et ceux obtenus avec Cplex 9.0 sur un ensemble de problèmes de petite taille nous a permis de conclure de la capacité de nos méthodes à générer des solutions de bonne qualité en un temps raisonnable. Nous pouvons souligner une amélioration significative du respect des contraintes par les solutions générées avec nos techniques de résolution par rapport à celles générées manuellement et fournies par le CLSC. Les résultats ainsi obtenus sont encourageants et valident l'intérêt de nos méthodes et techniques de résolution du problème.

Enfin, nous terminons cette thèse avec une conclusion et nous indiquons quelques pistes qui nous semblent intéressantes pour poursuivre ce travail.

La modélisation mathématique du problème des tournées des visites à domicile présente une difficulté particulière due principalement aux contraintes de prises de sang mais aussi aux contraintes de suivi des patients et à la possibilité pour un intervenant de compléter sa tournée dans un autre secteur que le sien. Les contraintes de prises de sang sont caractérisées par un comportement dynamique. En effet, un intervenant ayant effectué au moins une visite de type prise de sang doit retourner au CLSC pour y déposer les échantillons recueillis. L'utilisation de patients fictifs permet de représenter ces retours au CLSC. Cependant, cela fait en sorte que le nombre de patients devient variable selon la présence ou non de prises de sang. Une des contributions scientifiques de cette thèse est d'avoir réussi à prendre en compte cet aspect dynamique complexe des contraintes de prises de sang dans la modélisation du problème. Notre problème devient ainsi une généralisation du problème de tournées de véhicules avec fenêtres de temps sans contraintes de capacité. Une autre contribution scientifique de la thèse provient de la résolution du problème. Nous avons combiné deux approches de résolution. La première est basée sur un mécanisme de résolution du problème global à partir des solutions générées pour chacun des secteurs du territoire couvert. La seconde approche est inspirée de la méthode de recherche par dispersion de Glover et al. [40]. Cette dernière présente une similarité avec celle décrite dans Tang et Miller-Hooks [77] sur la mémoire adaptative et qui traite du problème de la course d'orientation par équipes nommé TOP (Team Orienteering Problem). À notre connaissance, il n'existe aucun article sur le sujet où ces deux approches ont été combinées pour la résolution d'un problème similaire au nôtre. Les résultats fournis par nos techniques de résolution sont fort intéressants et valident l'intérêt de ces dernières pour la résolution du problème des intervenants pour les visites à domicile.

Chapitre 1
Le problème des soins à domicile

Le problème des soins à domicile est présenté en fonction du contexte québécois. Notre problème des visites à domicile est considéré comme un des éléments du problème global des soins à domicile.

Au Québec, les soins à domicile sont sous la responsabilité des centres locaux de services communautaires (CLSC). Ces derniers assurent les services et les soins à domicile pour la population de leur territoire. Les services et les soins offerts par chaque CLSC peuvent être différents d'un centre à l'autre. Vu dans son ensemble, ce problème des soins à domicile peut paraître difficile à résoudre car il est composé de trois sous problèmes :

- un sous problème de découpage du territoire où il s'agit de découper le territoire couvert par le CLSC en des secteurs de travail en tenant compte de facteurs géographiques, démographiques, économiques et sociaux ;
- un sous problème de planification des horaires des intervenants où il s'agit de spécifier les jours de travail et de congé de chaque intervenant sur une période de temps en prenant en considération un certain nombre de contraintes de type personnel, syndical, médical et administratif ;
- un sous problème de planification des tournées des intervenants pour visiter les patients sous contraintes de fenêtres de temps tout en minimisant les distances parcourues, le nombre d'intervenants et en tenant compte de contraintes spécifiques propres à chaque CLSC et d'autres contraintes classiques qui se retrouvent dans le problème de tournées de véhicules avec fenêtres de temps.

Les deux premiers sous problèmes ont fait l'objet de nombreux travaux. Ainsi, pour le premier sous problème, nous pouvons citer, à titre d'exemple, les travaux de Blais [8] et Blais, Lapierre et Laporte [9] ayant traité du découpage territorial pour le CLSC Côte-des-Neiges. Le territoire desservi par le CLSC est découpé en secteurs et chaque équipe est affectée à un secteur. Le découpage doit tenir compte des difficultés de déplacement des équipes d'intervention. Soulignons tout de même que chaque découpage présente un inconvénient lié à l'aspect organisationnel du CLSC.

Le sous problème des horaires des intervenants est semblable au problème de planification des horaires des infirmiers dans un établissement hospitalier qui a été largement étudié dans la littérature. Nous pouvons mentionner à titre de références les travaux de Gagné [30], Ferland *et al.* [26], Aickelin et Dowsland [1] et Gutjahr et Rauner [43].

Dans cette thèse, nous nous intéressons uniquement au problème de planification des tournées pour les visites à domicile d'un CLSC en supposant que nous disposons d'un découpage en secteurs du territoire couvert par le CLSC et des grilles des horaires des intervenants pour une période de planification donnée.

1.1 Description du problème des tournées des visites à domicile

Le problème faisant l'objet de ce travail consiste à planifier les tournées des intervenants pour les visites à domicile d'un CLSC. Le territoire que couvre le CLSC est divisé en plusieurs secteurs. Chaque intervenant est affecté à un secteur où il est amené à travailler.

Nous considérons les intervenants réguliers à temps plein et à temps partiel et les intervenants sur appel. Le nombre des intervenants réguliers est souvent insuffisant pour couvrir toute la demande et parfois, même la convocation des intervenants sur appel ne suffit pas. Ainsi, la visite de certains patients peut être remise au lendemain si ça ne pose pas de problème au niveau médical. Le CLSC, avec qui nous avons des contacts, prend en considération un ensemble de contraintes spécifiques :

- les contraintes de prises de sang : pour des raisons médicales, chaque intervenant ayant effectué au moins une prise de sang doit planifier un retour au CLSC à l'intérieur d'un délai spécifique pour y déposer le sang recueilli. Ainsi, un seul retour au CLSC doit être fait soit avant 10h00, si au moins une prise de sang est effectuée avant cette heure, ou avant 11h00, si au moins une prise de sang est faite entre 10h00 et 11h00. Par contre deux retours au CLSC deviennent obligatoires dès qu'au moins deux prises de sang sont effectuées une avant et l'autre après le premier moment de retour au CLSC. Aucune prise de sang ne peut être faite après 11h00 ;
- les heures de visites : les visites des patients ne peuvent se faire qu'entre 8h00 et 12h00. Les après-midi sont consacrés à la rédaction de rapports et à la préparation des tournées du lendemain par les intervenants ;
- la continuité des soins : cette contrainte est d'une grande importance pour les patients. En effet, il est important, dans la mesure du possible, que ce soit le même intervenant qui assure la visite au patient pour toute la durée des soins. Ceci peut avoir un impact sur l'établissement d'un lien de confiance entre le patient et son intervenant et peut aussi préserver l'intimité du patient et, par conséquent, l'amélioration de la qualité des soins ;
- la répartition des services entre secteurs : cette contrainte consiste à permettre à un intervenant de compléter sa tournée dans un secteur voisin où les besoins sont importants.

Le nombre de patients à visiter varie d'un jour à l'autre, soit parce que de nouveaux patients s'ajoutent à la liste des patients à visiter, soit parce que des patients ont complété leurs soins et doivent être éliminés de la liste des patients. Le caractère variable des listes de patients à visiter chaque jour nous amène à traiter le problème de planification des tournées des intervenants sur une base quotidienne plutôt que sur une longue période de temps. Le problème consiste donc à planifier des tournées pour tous les intervenants devant travailler un jour donné, en tenant compte des contraintes de prises de sang, de continuité des soins et de la possibilité de répartition des services entre secteurs.

1.2 Revue de la littérature du problème des tournées pour les visites à domicile

Dans la littérature, peu de travaux ont abordé le problème des visites à domicile. Dans ces travaux, le problème est traité dans des circonstances particulières propres à certaines compagnies ou cliniques. Ainsi l'effort déployé est surtout orienté vers la réalisation de systèmes informatiques capables de répondre à des besoins particuliers.

Bertels et Fahle [7] ont présenté un système informatique lié à un projet « PARPAP » qui traite à la fois le problème des tournées pour les visites à domicile et le problème de planification des horaires des intervenants. Dans cet article, seule la composante d'optimisation du système informatique est présentée. La résolution des deux problèmes est basée sur une approche qui modifie successivement le partitionnement obtenu suite à l'affectation des patients aux infirmières et aux séquences de visites pour ces infirmières. Les méthodes de résolution utilisées sont basées sur la programmation linéaire, la programmation par contraintes et des métaheuristiques (recherche Tabou et le recuit simulé). Des approches hybrides ont été aussi proposées. Elles comprennent la programmation par contraintes pour générer des solutions initiales et des métaheuristiques

(Tabou ou recuit simulé) pour l'amélioration de ces solutions. Pour améliorer l'efficacité de ces approches hybrides, un pool de solutions a été introduit pour garder en mémoire les bonnes solutions ainsi rencontrées. Les auteurs sélectionnent, à chaque étape, une solution à laquelle ils appliquent différentes heuristiques pour tenter de l'améliorer. Cette façon de faire est différente de celle utilisée par Rochat et Taillard [67] qui consiste à générer une solution à partir des solutions existantes dans le pool. D'ailleurs, c'est cette dernière idée que nous avons exploitée dans ce travail.

Begur, Miller et Weaver [5] ont développé un système d'aide à la décision interactif qui intègre une carte de positionnement géographique permettant de visualiser la localisation des patients à visiter. Le système tente de minimiser le temps de déplacement et d'équilibrer la charge de travail des infirmières. Nous trouvons de nombreuses contraintes communes à d'autres problèmes tels que le problème de planification des horaires des infirmières dans un hôpital ou le problème de tournées de véhicules :

- une infirmière peut travailler à temps plein ou à temps partiel ;
- un médecin peut prescrire qu'un patient soit visité à une heure bien précise ;
- les soins de certains patients exigent certaines habiletés et compétences particulières de la part de l'intervenant ;
- un patient peut avoir besoin de plus d'une visite par semaine ;
- fixer d'avance un créneau de visites de type lundi et mercredi ou mardi et vendredi, par exemple ;
- certaines sociétés d'assurances imposent des contraintes qu'il faut respecter (exemple : exiger un nombre minimal de jours entre deux visites successives).

L'approche de résolution du problème comporte trois étapes :

1. Affectation des patients à visiter à des journées de travail de la semaine.

2. Affectation des patients à visiter une journée donnée à une infirmière disponible.
3. Détermination de l'ordre des visites.

La détermination de l'ordre des visites est effectuée par une approche basée sur la méthode de Clarke et Wright [20] pour construire une tournée par infirmière. Ensuite, chaque tournée par infirmière (considérée comme un problème de voyageur de commerce) est améliorée par l'heuristique d'Erkut et Maclean [24]. L'approche est incluse dans un module d'optimisation faisant partie d'un système d'aide à la décision. Ce système utilise aussi une carte digitalisée qui permet de supprimer et de retracer une route. Il permet de «zoomer» sur des secteurs et d'afficher des cartes routières ainsi que d'autres informations. Ces fonctionnalités facilitent beaucoup la tâche du planificateur.

Le travail de Cheng et Rich [16] traite le problème des visites à domicile comme un problème de tournées de véhicules avec fenêtres de temps comportant plusieurs dépôts. La résidence d'une infirmière est considérée comme un dépôt à partir duquel sa tournée va débuter le matin et où elle va se terminer le soir lors de son retour chez elle. Ainsi, chacune des infirmières est affectée en priorité aux patients de son secteur de résidence. Cette approche dispense l'infirmière de se rendre à la clinique chaque jour avant de commencer le travail. Chaque patient a la possibilité de spécifier l'intervalle de temps durant lequel il veut être visité. La pause de midi est considérée comme un patient fictif pour chaque infirmière. Le problème est donc de trouver des tournées optimales qui minimisent la distance totale parcourue, le temps supplémentaire pour les infirmières à temps plein et les heures de travail pour les infirmières à temps partiel. L'élément nouveau dans le modèle de Cheng et Rich est l'introduction de la pause du midi. Notons, qu'en général, les contraintes de fenêtres de temps doivent être satisfaites. Les auteurs peuvent à la limite permettre à l'infirmière d'arriver avant la borne inférieure de la fenêtre de temps, auquel cas elle doit alors attendre. L'approche de résolution est basée sur une heuristique à deux étapes :

Étape 1 : Un algorithme glouton est utilisé pour générer plusieurs tournées simultanément. À chaque infirmière est associée une tournée préliminaire incluant la pause du midi. Les patients se trouvant à proximité de cette tournée y sont insérés en respectant les fenêtres de temps et les pauses du midi. Par la suite, l'insertion des autres patients se fait de façon à minimiser la longueur de la tournée.

Étape 2 : Les tournées générées à l'étape 1 sont améliorées dans le but de trouver une meilleure solution. L'amélioration peut se faire selon deux approches :

- Approche I (l'idée est de modifier des petites portions de la solution) :
    - sélectionner deux infirmières i et j telle qu'au moins l'une d'elles ait à travailler en temps supplémentaire ou à temps partiel ;
    - libérer les patients devant être visités par les deux infirmières en gardant fixes les patients des autres infirmières ;
    - relancer la résolution du problème en considérant uniquement les infirmières i et j.
- Approche II (amélioration par resserrement de l'horaire de chaque infirmière) : Pour chaque infirmière, les auteurs déterminent le premier moment où cette dernière doit attendre (elle arrive en avance par rapport à la borne inférieure de la fenêtre de temps associée au patient) et ils libèrent tous les patients devant être visités à partir de ce moment. Les infirmières, pour lesquelles il n'y a pas de temps d'attente, ont des

horaires fixes. La résolution du problème résiduel peut être relancée à nouveau.
- D'autres formes d'améliorations peuvent être apportées à la solution en considérant les patients non encore visités ou en supprimant les infirmières ayant peu de patients.

Chapitre 2
Modélisation mathématique du problème

Après avoir rappelé que certains CLSC utilisent une stratégie de découpage de leur territoire pour simplifier leur planification, nous présentons une suite de modèles caractérisant le problème restreint à un secteur en introduisant à chaque fois une nouvelle contrainte. Par la suite, nous étendons notre modèle à tous les secteurs pour dégager un modèle global qui représente le plus fidèlement possible notre problème. Nous terminons ce chapitre en soulignant les principales caractéristiques de notre modélisation.

2.1 Découpage du territoire

Le découpage du territoire couvert en de petits secteurs de travail est une façon de simplifier le problème. Cette façon de faire est d'ailleurs déjà utilisée par de nombreux CLSC au Québec. Ce problème de découpage du territoire (districting) se retrouve également dans d'autres contextes comme la détermination des districts électoraux (Bozkaya, Erkut et Laporte [10]), le partitionnement territorial entre les différents vendeurs (Fleischmann et Paraschis [29]), la détermination des districts scolaires (Ferland et Guénette [27]), etc.

Dans ce travail, nous supposons que le découpage du territoire en secteurs est déjà disponible. Cette approche de découpage par secteurs a des avantages et des inconvénients. Comme avantages, nous trouvons :

- le problème est décomposé en sous problèmes plus petits et plus faciles à résoudre ;
- le découpage facilite la continuité des soins. En effet, en attribuant la responsabilité d'un secteur à une équipe d'intervenants, nous favorisons la continuité des soins puisque l'affectation d'un patient au même intervenant est plus facile à réaliser qu'avec une approche centralisée. Cette contrainte de continuité des soins est d'une grande importance pour établir un lien de confiance entre le patient et son intervenant, permettant ainsi d'améliorer son état au niveau médical et au niveau psychologique ;
- l'approche permet aux intervenants de mieux se rapprocher de leur milieu d'intervention, de mieux connaître l'environnement de travail et ainsi mieux comprendre les patients.

Les principaux inconvénients sont les suivants :

- l'ajout d'un sous problème de découpage parfois difficile à résoudre ;
- la réduction de l'espace des solutions puisque chaque intervenant est restreint à la visite des patients de son secteur d'affectation ;
- la demande évolue dans le temps et peut être différente d'un secteur à l'autre. Il en résulte que les intervenants affectés aux secteurs surchargés consacreront moins de temps à leurs patients, contrairement à leurs collègues dans les secteurs à faible demande qui, eux, vont passer beaucoup plus de temps avec leurs patients.

Le découpage permet de décomposer le problème des tournées des intervenants en un certain nombre de sous problèmes par secteur de plus petite taille et plus faciles à résoudre. La planification de tournées est une tâche quotidienne qui s'effectue la veille du jour des visites, dans notre cas, dès la réception des nouvelles listes des patients. Ces listes doivent être à jour c'est-à-dire il faut y intégrer les nouveaux patients qui viennent d'être ajoutés et retirer les patients dont les soins sont complétés.

2.2 Modélisation mathématique du problème des tournées des intervenants propre à un secteur

Nous modélisons d'abord le sous problème restreint à chaque secteur. Ce sous problème a beaucoup de similarités avec le problème des tournées de véhicules avec fenêtres de temps (VRPTW). C'est la raison pour laquelle nous nous inspirons des travaux de Solomon et Desrosiers [73] et de Malandraki et Daskin [59] sur le VRPTW afin de proposer une modélisation de notre problème.

Pour chaque secteur $s \in S$, plusieurs modèles du problème des tournées des intervenants propres au secteur seront présentés en fonction de contraintes particulières.

2.2.1 Modèle M1 (modèle de VRPTW sans les contraintes de capacité)

Ce modèle équivaut au modèle du problème des tournées de véhicules avec fenêtres de temps sans les contraintes de capacité. Il laisse de côté, pour l'instant, les contraintes de prises de sang et de continuité des soins. Également, comme ce modèle considère uniquement un secteur donné s, nous ne tenons pas compte de la possibilité de répartition des services entre secteurs permettant aux intervenants de compléter leur tournée dans un secteur voisin. Nous avons déjà souligné que nous disposons d'un nombre restreint d'intervenants réguliers qui, dans certains cas, peut être insuffisant pour visiter tous les patients. Nous introduisons donc, dans le modèle, les intervenants de la liste de rappel et même au besoin des intervenants fictifs pour assurer l'affectation de chaque patient à un intervenant. Les patients affectés à des intervenants fictifs ne sont, en fait, pas desservis. Alors pour s'assurer que le plus grand nombre de patients soient desservis et pour minimiser le recours aux intervenants de la liste de rappel et minimiser davantage les recours aux intervenants fictifs, nous associons un coût très élevé à l'utilisation de ces deux derniers types d'intervenants. La structure du coût pour le nœud i (correspondant à un patient ou au CLSC) et le nœud j est donc la suivante :

$$c_{ij}^k = \begin{cases} t_{ij} & \text{si } k \in I_s^r \cup I_s^l \cup I_s^f \text{ et } i \neq 0 \\ t_{ij} + C_1 & \text{si } k \in I_s^r \text{ et } i = 0 \\ t_{ij} + C_2 & \text{si } k \in I_s^l \text{ et } i = 0 \\ t_{ij} + C_3 & \text{si } k \in I_s^f \text{ et } i = 0 \end{cases}$$

où I_s^r, I_s^l et I_s^f dénotent respectivement les ensembles des intervenants réguliers, des intervenants de la liste de rappel et des intervenants fictifs du secteur s, t_{ij} est le temps de parcours nécessaire pour se déplacer du nœud i au nœud j et $C_1 < C_2 < C_3$ sont des paramètres positifs.

Nous associons un coût C_1 chaque fois qu'un intervenant régulier est utilisé, un coût C_2 plus élevé que C_1 pour chaque utilisation d'un intervenant de la liste de rappel et un coût C_3 plus élevé que C_2 pour chaque utilisation d'un intervenant fictif. Le but premier est de minimiser l'utilisation des intervenants fictifs. Par la suite, l'accent est mis sur la minimisation du recours aux intervenants de la liste de rappel. Lorsque c'est possible d'assurer toutes les visites uniquement par des intervenants réguliers, la minimisation du nombre de ce type d'intervenants est aussi considérée.

Notation :

$I_s = I_s^r \cup I_s^l \cup I_s^f$: ensemble de tous les types d'intervenants du secteur s.
P_s : ensemble des patients situés dans le secteur s.

0, $N+1$: représentent le CLSC comme point de départ et point d'arrivée, respectivement.

b_0^k : temps auquel l'intervenant k quitte le CLSC (8h00).

b_{N+1}^k : temps auquel l'intervenant k retourne au CLSC complétant ainsi sa tournée (12h00).

r_i : temps requis pour les soins du patient $i \in P_s$ (pour simplifier nous supposons que ce temps ne dépend pas de l'intervenant k, c'est-à-dire tous les intervenants prennent le même temps r_i pour soigner le patient i).

$[e_i, f_i]$: fenêtre de temps durant laquelle doivent débuter les soins du patient i.

$[e_0, f_0] = [e_{N+1}, f_{N+1}] = [e, f]$ où e représente le moment du premier départ du CLSC et f celui du dernier retour au CLSC.

$V_s = P_s \cup \{0, N+1\}$: ensemble des nœuds du secteur s (où nœud est un patient ou le CLSC).

$A_s = \{(i, j) \in V_s \times V_s \ / \ e_i + r_i + t_{ij} \le f_j\}$: ensemble des arcs admissibles du secteur s.

M : une constante positive très grande.

Les variables du modèle :

- $b_i^k \ge 0$ et entier : temps auquel l'intervenant k débute le service chez le patient i.

- $x_{ij}^k = \begin{cases} 1 & \text{si l'intervenant } k \text{ voyage directement du nœud } i \text{ au nœud } j \ (i \ne j) \\ 0 & \text{sinon} \end{cases}$

Nous pouvons maintenant formuler le premier modèle M1 comme suit :

Modèle M1

$$\text{Min} \sum_{k \in I_s} \sum_{(i,j) \in A_s} c_{ij}^k x_{ij}^k \tag{1}$$

sujet à

$$\sum_{k \in I_s} \sum_{j \in V_s} x_{ij}^k = 1, \forall i \in P_s \tag{2}$$

$$\sum_{j \in V_s} x_{ij}^k - \sum_{j \in V_s} x_{ji}^k = 0, \forall i \in V_s \setminus \{0, N+1\}, \ k \in I_s \qquad (3)$$

$$\sum_{j \in V_s} x_{0j}^k \leq 1, \ \forall k \in I_s \qquad (4)$$

$$\sum_{j \in V_s} x_{jN+1}^k = \sum_{j \in V_s} x_{0j}^k, \ \forall k \in I_s \qquad (5)$$

$$x_{ij}^k = 1 \Rightarrow b_i^k + r_i + t_{ij} \leq b_j^k, \forall (i,j) \in A_s, \ k \in I_s \qquad (6)$$

$$e_i \leq b_i^k \leq f_i, \ \forall i \in P_s \cup \{0, N+1\}, \ k \in I_s \qquad (7)$$

$$x_{ij}^k \in \{0,1\}, \forall i,j \in V_s, \ k \in I_s \qquad (15)$$

$$b_i^k \geq 0 \text{ et entier}, \ \forall i \in P_s \cup \{0, N+1\}, k \in I_s \qquad (16)$$

La fonction économique (1) représente la somme des coûts de parcours et des coûts supplémentaires dus à l'utilisation de chacun des trois types d'intervenants. Les contraintes (2) assurent que chaque patient du secteur s est visité par un et un seul intervenant (ce sont les seules contraintes qui lient les intervenants entre eux). Les contraintes (3) assurent que c'est le même intervenant qui arrive et part d'un point donné. Pour chaque intervenant, la contrainte (4) assure qu'au plus un départ du CLSC est permis. Ces contraintes assurent aussi qu'au plus $|I_s|$ intervenants peuvent partir du CLSC. Les contraintes (5) assurent que chaque intervenant revient au CLSC si et seulement s'il en est parti. Du même coup, ces contraintes assurent que, pour chaque intervenant, au plus un retour au CLSC est prévu. Les contraintes (6) et (7) assurent qu'un intervenant k ne peut desservir un patient j en provenance de i, que si le moment de fin de service de i auquel nous ajoutons le temps pour se rendre chez j ($b_i^k + r_i + t_{ij}$) est à l'intérieur de la fenêtre de temps de j. Finalement nous retrouvons les contraintes d'intégrité des variables (15)-(16), (les numéros (15) et (16) attribués aux contraintes d'intégrité tiennent compte des contraintes qui seront ajoutées par la suite).

Remarque : Tel que mentionné dans Solomon et Desrosiers [73] et aussi dans Malandraki et Daskin [59], les contraintes (6) empêchent la création de sous tours disjoints comme l'illustre l'exemple de la figure 2.1. Dans cet exemple, nous supposons que nous sommes en présence de l'intervenant 1 devant effectuer un certain nombre de visites à des patients dont trois (patients 1, 2, 3) font partie d'un sous tour. Supposons, par exemple, que la portion de la solution concernée est donnée par $x_{12}^1 = x_{23}^1 = x_{31}^1 = 1$.

En considérant les contraintes (6) pour le sous tour (1-2-3-1) de la figure 2.1, nous obtenons les trois inégalités suivantes :

$$b_1^1 + r_1 + t_{12} \leq b_2^1$$
$$b_2^1 + r_2 + t_{23} \leq b_3^1$$
$$b_3^1 + r_3 + t_{31} \leq b_1^1$$

Après sommation, nous obtenons $t_{12} + t_{23} + t_{31} \leq -r_1 - r_2 - r_3 < 0$ ce qui est impossible puisque les temps de déplacement sont positifs. Il ne peut donc y avoir de sous tour.

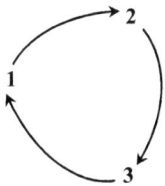

Figure 2.1 : Exemple de sous tour

Les contraintes (6) peuvent être linéarisées de la façon suivante :

$$b_i^k + r_i + t_{ij} - b_j^k \leq M \times \left(1 - x_{ij}^k\right), \forall (i,j) \in A_s, \ k \in I_s \qquad (6')$$

Dans le modèle M1 précédent, les contraintes (6) sont remplacées par les contraintes $(6')$ afin d'obtenir un modèle de programmation linéaire en nombres entiers.

2.2.2 Modèle M2 (modèle M1 et contraintes de prises de sang)

Le modèle M2 est obtenu en ajoutant les contraintes de prises de sang au modèle précédent M1. Rappelons que pour tenir compte des contraintes de prise de sang, deux moments stratégiques doivent être considérés : 10h00 et 11h00. Si au moins une prise de sang est complétée à un moment permettant un retour au CLSC avant 10h00, alors l'intervenant doit y retourner au plus tard à 10h00 pour déposer les prélèvements. De façon similaire, si au moins une prise de sang est complétée après 10h00 ou après le retour de l'intervenant avant 10h00, et à un moment permettant un retour au CLSC avant 11h00, alors il y a un retour de l'intervenant au CLSC au plus tard à 11h00. Il est à noter qu'un même intervenant peut devoir compléter deux retours au CLSC, respectivement avant 10h00 et 11h00.

Pour s'assurer que le modèle est consistant, une borne supérieure f_i correspondant à 11h00 est spécifiée sur le moment b_i^k où chaque visite i avec prise de sang peut être complétée dans la contrainte de fenêtre de temps (7) qui lui est associée. Ceci assure en effet qu'aucune prise de sang ne peut être complétée après 11h00.

Ces contraintes sont modélisées en ajoutant des patients fictifs localisés au CLSC. Ainsi, si une prise de sang permettant un retour au CLSC avant 10h00 est effectuée, nous affectons à l'intervenant concerné un patient fictif devant être visité avant 10h00. Cette visite lui permet alors de déposer le sang recueilli. De même, si une prise de sang permettant un retour au CLSC avant 11h00 est complétée par un intervenant après 10h00 ou après son retour avant 10h00, un autre patient fictif lui est affecté avec une heure de visite bornée supérieurement par 11h00. Ceci donne un aspect dynamique à notre formulation dans le sens où les patients fictifs ne sont pas spécifiés à priori mais plutôt affectés aux intervenants selon les cas exposés plus haut.

Notation :

P_s^+ : ensemble des patients du secteur s devant avoir une prise de sang où $P_s^+ \subset P_s$.

p_{10}, p_{11} : patients fictifs, représentant le CLSC (ou un autre centre dépôt) associés aux intervenants ayant à effectuer une prise de sang. Ces patients fictifs vont permettre à l'intervenant de retourner au CLSC respectivement au plus tard à 10h00 et/ou au plus tard à 11h00 pour déposer le sang. Les distances entre le CLSC et ces patients fictifs sont mises à l'infini pour ne pas permettre un déplacement direct du CLSC au CLSC. Les deux patients fictifs sont considérés comme des nœuds ajoutés dans l'ensemble V_s.

$H10$: constante correspondant à 10h00.
$H11$: constante correspondant à 11h00.

Variables additionnelles :

b_{10}^k : temps auquel l'intervenant k revient au CLSC pour un premier dépôt de sang au plus tard à 10h00 (c'est-à-dire le temps de visite du patient fictif p_{10}).

b_{11}^k : temps auquel l'intervenant k revient au CLSC pour un deuxième dépôt de sang au plus tard à 11h00 (c'est-à-dire le temps de visite du patient fictif p_{11}).

Précisons maintenant la signification des contraints (8) à (14) que nous retrouvons dans le modèle M2 pour formuler les contraintes de prises de sang. Ces contraintes sont relativement complexes et nécessitent l'ajout de variables binaires additionnelles dans les contraintes (11) à (14).

Considérons d'abord les contraintes (8) associées aux retours des intervenants au CLSC avant 10h00.

$$1+\left(H10-b_i^k\right) \leq M \times \left(\sum_{j \in P_s} x_{jp_{10}}^k + 1 - \sum_{j \in P_s \cup \{p_{10}\}} x_{ij}^k\right), \forall i \in P_s^+, \forall k \in I_s \qquad (8)$$

Chaque fois qu'un intervenant k complète une prise de sang $i \in P_s^+$ permettant un retour au CLSC avant 10h00, alors $\sum_{j \in P_s \cup \{p_{10}\}} x_{ij}^k = 1$ et par conséquent $1 - \sum_{j \in P_s \cup \{p_{10}\}} x_{ij}^k = 0$. De plus, $b_i^k \leq H10$ de sorte que $1+\left(H10-b_i^k\right) > 0$. Ainsi la contrainte (8) est telle que

$$0 < 1+\left(H10-b_i^k\right) \leq M \times \left(\sum_{j \in P_s} x_{jp_{10}}^k + 1 - \sum_{j \in P_s \cup \{p_{10}\}} x_{ij}^k\right) = M \times \left(\sum_{j \in P_s} x_{jp_{10}}^k\right),$$

ce qui entraîne que $\sum_{j \in P_s} x_{jp_{10}}^k > 0$ forçant ainsi une visite au patient p_{10} correspondant à un retour au CLSC avant 10h00 pour y déposer le sang recueilli. Maintenant si l'intervenant k ne dessert aucun patient $i \in P_s^+$ permettant un retour au CLSC avant 10h00, alors $\sum_{j \in P_s \cup \{p_{10}\}} x_{ij}^k = 0$ et, par conséquent, la contrainte (8) n'est pas active.

Considérons maintenant les contraintes de prises de sang associées aux retours des intervenants avant 11h00. Pour faciliter la compréhension, analysons les deux cas suivant que l'intervenant est retourné ou pas avant 10h00 pour y déposer des prélèvements.

Si l'intervenant k a effectué un retour au CLSC au moment b_{10}^k (avant 10h00), les contraintes (9) s'appliquent.

$$1 + \left(b_i^k - b_{10}^k\right) \leq M \times \left(\sum_{j \in P_s} x_{jp_{11}}^k + 1 - \sum_{j \in P_s \cup \{p_{11}\}} x_{ij}^k \right), \forall i \in P_s^+, \forall k \in I_s \qquad (9)$$

Par analogie avec ce qui précède, chaque fois que l'intervenant k complète la prise de sang d'un patient $i \in P_s^+$ permettant un retour au CLSC avant 11h00, alors $\sum_{j \in P_s \cup \{p_{11}\}} x_{ij}^k = 1$ de sorte que $1 - \sum_{j \in P_s \cup \{p_{11}\}} x_{ij}^k = 0$. Également, $b_i^k \geq b_{10}^k$ de sorte que $1 + \left(b_i^k - b_{10}^k\right) > 0$.

Par conséquent, la contrainte (9) devient

$$0 < 1 + \left(b_i^k - b_{10}^k\right) \leq M \times \left(\sum_{j \in P_s} x_{jp_{11}}^k + 1 - \sum_{j \in P_s \cup \{p_{11}\}} x_{ij}^k \right) = M \times \left(\sum_{j \in P_s} x_{jp_{11}}^k \right),$$

ce qui implique que $\sum_{j \in P_s} x_{jp_{11}}^k > 0$. La contrainte force alors l'intervenant k à visiter le patient fictif p_{11} correspondant à retourner de nouveau au CLSC au plus tard à 11h00 pour y déposer le sang recueilli. Si après être retourné au CLSC à b_{10}^k, l'intervenant k n'effectue aucune prise de sang permettant un retour au CLSC avant 11h00, alors $\sum_{j\in P_s\cup\{p_{11}\}} x_{ij}^k = 0$ et la contrainte (9) n'est pas active.

Considérons maintenant le cas où l'intervenant k n'est pas retourné au CLSC avant 10h00. Or puisque les variables b_{10}^k sont initialisées à une valeur assez grande, les contraintes (9) ne sont pas actives. Pour ce cas, nous introduisons les contraintes (10) qui deviennent actives lorsqu'une prise de sang permettant un retour au CLSC avant 11h00 est complétée.

$$1+\left(b_i^k - H10\right) \leq M \times \left(\sum_{j\in P_s} x_{jp_{11}}^k + 1 - \sum_{j\in P_s\cup\{p_{11}\}} x_{ij}^k\right), \forall i \in P_s^+, \forall k \in I_s \qquad (10)$$

Leur interprétation est similaire à celle des contraintes (9) qui précèdent. Il suffit de remplacer b_{10}^k par $H10$ dans le raisonnement.

Notons que les contraintes (9) et (10) peuvent être réécrites de la façon suivante :

$$1+\left(b_i^k - \min\left(b_{10}^k, H10\right)\right) \leq M \times \left(\sum_{j\in P_s} x_{jp_{11}}^k + 1 - \sum_{j\in P_s\cup\{p_{11}\}} x_{ij}^k\right), \forall i \in P_s^+, \forall k \in I_s$$
$$(9)\,\&\,(10)$$

Pour que les contraintes (9) et (10) soient consistantes, il faut que, lorsque l'intervenant k doit retourner au CLSC une première fois, le moment de ce retour b_{10}^k soit au plus tard à 10h00 (c'est-à-dire $b_{10}^k \leq H10$). Il faut également s'assurer que l'intervenant k ne retourne au CLSC qu'après avoir complété au moins une prise de sang. Pour y arriver, introduisons des variables binaires additionnelles :

$$y_i^k \in \{0,1\}, \forall i \in P_s^+, k \in I_s \qquad (17)$$

Un premier ensemble de contraintes est ajouté pour s'assurer que chaque variable y_i^k ne puisse prendre la valeur 1 que si la prise de sang du patient $i \in P_s^+$ est complétée par l'intervenant k. Ceci se traduit comme suit :

$$y_i^k \leq \sum_{j \in V_s} x_{ji}^k, \ \forall i \in P_s^+, \forall k \in I_s \qquad (11)$$

Les contraintes

$$H10 - b_i^k \leq M \times \left(\sum_{j \in P_s^+} y_j^k \right), \forall i \in P_s^+, \forall k \in I_s \qquad (12)$$

assurent que dès que la prise de sang d'au moins un patient $i \in P_s^+$ permettant un retour au CLSC avant 10h00 (c'est-à-dire $b_i^k \leq H10$), alors $\sum_{j \in P_s^+} y_j^k > 0$. De plus, pour s'assurer que cette somme reste inférieure ou égale à 1 (c'est-à-dire $\sum_{j \in P_s^+} y_j^k \leq 1$), nous ajoutons le terme $\sum_{k \in I_s} \sum_{j \in P_s^+} y_j^k$ dans la fonction économique de notre problème. (Notons que la valeur du terme $\sum_{k \in I_s} \sum_{j \in P_s^+} y_j^k$ n'est pas comptabilisée dans le coût de la fonction économique présenté dans les tableaux de résultats).

Maintenant ajoutons les contraintes suivantes :

$$b_{10}^k \leq M + (H10 - M) \times \sum_{j \in P_s^+} y_j^k, \ \forall k \in I_s \qquad (13)$$

Ainsi, puisque $\sum_{j \in P_s^+} y_j^k = 1$ lorsque l'intervenant k complète au moins une prise de sang permettant un retour au CLSC avant 10h00, la contrainte (13) impose alors $b_{10}^k \leq H10$. Cette contrainte n'est pas active ($b_{10}^k \leq M$) lorsque l'intervenant k ne complète pas de telles prises de sang.

Finalement, pour s'assurer que l'intervenant k ne retourne au CLSC qu'après avoir complété au moins une prise de sang permettant un retour au CLSC avant 10h00, nous ajoutons les contraintes suivantes :

$$b_i^k - b_{10}^k \leq M \times (1 - y_i^k), \forall i \in P_s^+, \forall k \in I_s \qquad (14)$$

En effet, lorsque l'intervenant k complète au moins une telle prise de sang, alors $\sum_{j \in P_s^+} y_j^k = 1$, et ainsi une des contraintes (14) est active, c'est-à-dire qu'il existe une prise de sang d'un patient i pour laquelle $b_i^k \leq b_{10}^k$.

Les contraintes (8) à (14) et (17) sont donc ajoutées au modèle M1 pour obtenir un nouveau modèle M2 où les contraintes de prises de sang sont prises en compte.

Modèle M2

$$Min \left(\sum_{k \in I_s} \sum_{(i,j) \in A_s} c_{ij}^k x_{ij}^k + \sum_{k \in I_s} \sum_{j \in P_s^+} y_j^k \right) \qquad (1)$$

sujet à

$$\sum_{k \in I_s} \sum_{j \in V_s} x_{ij}^k = 1, \forall i \in P_s \qquad (2)$$

$$\sum_{j \in V_s} x_{ij}^k - \sum_{j \in V_s} x_{ji}^k = 0, \forall i \in V_s \setminus \{0, N+1\}, k \in I_s \qquad (3)$$

$$\sum_{j \in V_s} x_{0j}^k \leq 1, \forall k \in I_s \qquad (4)$$

$$\sum_{j \in V_s} x_{jN+1}^k = \sum_{j \in V_s} x_{0j}^k, \quad \forall k \in I_s \tag{5}$$

$$b_i^k + r_i + t_{ij} - b_j^k \leq M \times \left(1 - x_{ij}^k\right), \forall (i,j) \in A_s, \ k \in I_s \tag{6'}$$

$$e_i \leq b_i^k \leq f_i, \quad \forall i \in V_s, \ k \in I_s \tag{7}$$

$$1 + \left(H10 - b_i^k\right) \leq M \times \left(\sum_{j \in P_s} x_{jp_{10}}^k + 1 - \sum_{j \in P_s \cup \{p_{10}\}} x_{ij}^k\right), \forall i \in P_s^+, \ \forall k \in I_s \tag{8}$$

$$1 + \left(b_i^k - b_{10}^k\right) \leq M \times \left(\sum_{j \in P_s} x_{jp_{11}}^k + 1 - \sum_{j \in P_s \cup \{p_{11}\}} x_{ij}^k\right), \forall i \in P_s^+, \ \forall k \in I_s \tag{9}$$

$$1 + \left(b_i^k - H10\right) \leq M \times \left(\sum_{j \in P_s} x_{jp_{11}}^k + 1 - \sum_{j \in P_s \cup \{p_{11}\}} x_{ij}^k\right), \forall i \in P_s^+, \ \forall k \in I_s \tag{10}$$

$$y_i^k \leq \sum_{j \in V_s} x_{ji}^k, \quad \forall i \in P_s^+, \forall k \in I_s \tag{11}$$

$$H10 - b_i^k \leq M \times \left(\sum_{j \in P_s^+} y_j^k\right), \forall i \in P_s^+, \forall k \in I_s \tag{12}$$

$$b_{10}^k \leq M + (H10 - M) \times \sum_{j \in P_s^+} y_j^k, \quad \forall k \in I_s \tag{13}$$

$$b_i^k - b_{10}^k \leq M \times \left(1 - y_i^k\right), \forall i \in P_s^+, \forall k \in I_s \tag{14}$$

$$x_{ij}^k \in \{0,1\}, \forall i,j \in V_s, \ k \in I_s \tag{15}$$

$$b_i^k \geq 0 \text{ et entier}, \ \forall i \in V_s, k \in I_s \tag{16}$$

$$y_i^k \in \{0,1\}, \forall i \in P_s^+, \ k \in I_s \tag{17}$$

2.2.3 Modèle M3 (modèle M2 et contraintes de continuité des soins)

Modifions maintenant le modèle M2 pour tenir compte des contraintes de continuité des soins. Pour faciliter le suivi et assurer la continuité des soins auprès des patients, nous avons décidé d'affecter à chaque intervenant une courte liste de patients dont il est prioritairement responsable. Cette liste ne doit comporter que les patients dont il est absolument nécessaire d'assurer le suivi.

Ainsi, une liste L_k de patients est affectée à chaque intervenant k du secteur s telle que $\bigcup_{k \in I_s} L_k \subset P_s$. Dans la liste L_k, il peut y avoir des patients avec visites régulières (L_k^2) ou des patients avec prises de sang (L_k^1) telle que $L_k = L_k^1 \cup L_k^2$. L'intervenant peut ensuite compléter sa tournée en visitant d'autres patients du même secteur. Les listes de suivi affectées aux intervenants doivent être aussi réduites que possible pour faciliter la recherche d'une solution.

La contrainte de continuité des soins est intégrée au modèle précédent en associant un coût de pénalité chaque fois qu'un intervenant k effectue une visite à un patient dont le suivi est la responsabilité d'un autre intervenant h. Les coûts de la fonction économique sont alors modifiés comme suit :

$$\bar{c}_{ij}^k = \begin{cases} c_{ij}^k + C_4 & \text{si } j \in L_h \text{ avec } k \neq h \text{ et } k \in I_s^r \\ c_{ij}^k & \text{sinon} \end{cases} \quad \forall i,j \in P_s, k \in I_s$$

où C_4 est un paramètre positif.

Il va de soi que les listes de suivi L_k doivent être ajustées lorsqu'un intervenant est en congé de maladie pour une longue période de temps.

Le modèle pour le problème propre à un secteur devient alors :

Modèle M3

$$Min \left(\sum_{k \in I_s} \sum_{(i,j) \in A_s} \bar{c}_{ij}^k x_{ij}^k + \sum_{k \in I_s} \sum_{j \in P_s^+} y_j^k \right) \quad (1)$$

sujet à

$$\sum_{k \in I_s} \sum_{j \in V_s} x_{ij}^k = 1, \forall i \in P_s \quad (2)$$

$$\sum_{j \in V_s} x_{ij}^k - \sum_{j \in V_s} x_{ji}^k = 0, \forall i \in V_s \setminus \{0, N+1\}, \ k \in I_s \tag{3}$$

$$\sum_{j \in V_s} x_{0j}^k \leq 1, \ \forall k \in I_s \tag{4}$$

$$\sum_{j \in V_s} x_{jN+1}^k = \sum_{j \in V_s} x_{0j}^k, \ \forall k \in I_s \tag{5}$$

$$b_i^k + r_i + t_{ij} - b_j^k \leq M \times \left(1 - x_{ij}^k\right), \forall (i,j) \in A_s, \ k \in I_s \tag{6'}$$

$$e_i \leq b_i^k \leq f_i, \ \forall i \in V_s, \ k \in I_s \tag{7}$$

$$1 + \left(H10 - b_i^k\right) \leq M \times \left(\sum_{j \in P_s} x_{jp_{10}}^k + 1 - \sum_{j \in P_s \cup \{p_{10}\}} x_{ij}^k\right), \forall i \in P_s^+, \ \forall k \in I_s \tag{8}$$

$$1 + \left(b_i^k - b_{10}^k\right) \leq M \times \left(\sum_{j \in P_s} x_{jp_{11}}^k + 1 - \sum_{j \in P_s \cup \{p_{11}\}} x_{ij}^k\right), \forall i \in P_s^+, \ \forall k \in I_s \tag{9}$$

$$1 + \left(b_i^k - H10\right) \leq M \times \left(\sum_{j \in P_s} x_{jp_{11}}^k + 1 - \sum_{j \in P_s \cup \{p_{11}\}} x_{ij}^k\right), \forall i \in P_s^+, \ \forall k \in I_s \tag{10}$$

$$y_i^k \leq \sum_{j \in V_s} x_{ji}^k, \ \forall i \in P_s^+, \forall k \in I_s \tag{11}$$

$$H10 - b_i^k \leq M \times \left(\sum_{j \in P_s^+} y_j^k\right), \forall i \in P_s^+, \ \forall k \in I_s \tag{12}$$

$$b_{10}^k \leq M + (H10 - M) \times \sum_{j \in P_s^+} y_j^k, \ \forall k \in I_s \tag{13}$$

$$b_i^k - b_{10}^k \leq M \times \left(1 - y_i^k\right), \forall i \in P_s^+, \ \forall k \in I_s \tag{14}$$

$$x_{ij}^k \in \{0,1\}, \forall i,j \in V_s, \ k \in I_s \tag{15}$$

$$b_i^k \geq 0 \text{ et entier}, \ \forall i \in V_s, k \in I_s \tag{16}$$

$$y_i^k \in \{0,1\}, \forall i \in P_s^+, \ k \in I_s \tag{17}$$

2.3 Modèle global Mg

Le modèle global Mg est une extension du modèle M3 à tous les secteurs du CLSC où la possibilité de répartition des services des intervenants entre secteurs est prise en compte. Ceci permet à un intervenant de compléter son service dans des secteurs voisins où la charge de travail des intervenants est trop lourde. Ainsi, certains intervenants peuvent compléter leur tournée dans les secteurs les plus proches où la demande excède la capacité de service des intervenants rattachés à ces derniers. Cette situation peut être intégrée à notre modèle en ajustant la structure des coûts unitaires afin de pénaliser les visites complétées par un intervenant dans un secteur voisin et, encore davantage, celles complétées dans un secteur plus éloigné. Pour définir ces coûts, dénotons par $s(k)$ le secteur de l'intervenant k. Pour les patients i et j et le secteur s :

$$\overline{c}_{ij}^{ks} = \begin{cases} \overline{c}_{ij}^{k} + C_5 & \text{si } j \in s \text{ voisin de } s(k),\ s \neq s(k) \\ \overline{c}_{ij}^{k} + C_6 & \text{si } j \in s \text{ qui n'est pas voisin de } s(k),\ s \neq s(k) \text{ où } C_5 < C_6 \text{ sont des} \\ \overline{c}_{ij}^{k} & \text{si } s = s(k) \end{cases}$$

paramètres positifs.

Notation :

S : ensemble des secteurs.
I^r : ensemble des intervenants réguliers de tous les secteurs.
I^l : ensemble des intervenants de la liste de rappel de tous les secteurs.
I^f : ensemble des intervenants fictifs de tous les secteurs.
$I = I^r \cup I^l \cup I^f$: ensemble de tous les types d'intervenants.
$P = \{1, 2, ..., N\}$: ensemble de tous les patients qui doivent recevoir des soins.
P^+ : ensemble de tous les patients devant avoir une prise de sang.
$V = P \cup \{0, p_{10}, p_{11}, N+1\}$: ensemble de tous les nœuds.
$A = \{(i,j) \in V \times V \ / \ e_i + r_i + t_{ij} \leq f_j\}$: ensemble de tous les arcs admissibles.

Modèle global Mg

$$Min\ (\sum_{s \in S} \sum_{k \in I_s} \sum_{(i,j) \in A_s} \overline{c}_{ij}^{ks} x_{ij}^{k} + \sum_{s \in S} \sum_{k \in I_s} \sum_{i \in P_s^+} y_i^k) \qquad (1)$$

sujet à

$$\sum_{k \in I}\sum_{j \in V} x_{ij}^k = 1, \forall i \in P \tag{2}$$

$$\sum_{j \in V} x_{ij}^k - \sum_{j \in V} x_{ji}^k = 0, \forall i \in V \setminus \{0, N+1\}, \ k \in I \tag{3}$$

$$\sum_{j \in P} x_{0j}^k \leq 1, \ \forall k \in I \tag{4}$$

$$\sum_{j \in P} x_{jN+1}^k = \sum_{j \in P} x_{0j}^k, \ \forall k \in I \tag{5}$$

$$b_i^k + r_i + t_{ij} - b_j^k \leq M \times (1 - x_{ij}^k), \forall (i,j) \in A, \ k \in I \tag{6'}$$

$$e_i \leq b_i^k \leq f_i, \ \forall i \in V, \ k \in I \tag{7}$$

$$1 + (H10 - b_i^k) \leq M \times \left(\sum_{j \in P} x_{jp_{10}}^k + 1 - \sum_{j \in P \cup \{p_{10}\}} x_{ij}^k \right), \forall i \in P^+, \forall k \in I \tag{8}$$

$$1 + (b_i^k - b_{10}^k) \leq M \times \left(\sum_{j \in P} x_{jp_{11}}^k + 1 - \sum_{j \in P \cup \{p_{11}\}} x_{ij}^k \right), \forall i \in P^+, \forall k \in I \tag{9}$$

$$1 + (b_i^k - H10) \leq M \times \left(\sum_{j \in P} x_{jp_{11}}^k + 1 - \sum_{j \in P \cup \{p_{11}\}} x_{ij}^k \right), \forall i \in P^+, \forall k \in I \tag{10}$$

$$y_i^k \leq \sum_{j \in V} x_{ji}^k, \ \forall i \in P^+, \forall k \in I \tag{11}$$

$$H10 - b_i^k \leq M \times \left(\sum_{j \in P^+} y_j^k \right), \forall i \in P^+, \forall k \in I \tag{12}$$

$$b_{10}^k \leq M + (H10 - M) \times \sum_{j \in P^+} y_j^k, \ \forall k \in I \tag{13}$$

$$b_i^k - b_{10}^k \leq M \times (1 - y_i^k), \forall i \in P^+, \forall k \in I \tag{14}$$

$$x_{ij}^k \in \{0,1\}, \forall i,j \in V, \ k \in I \tag{15}$$

$$b_i^k \geq 0 \text{ et entier}, \ \forall i \in V, k \in I \tag{16}$$

$$y_i^k \in \{0,1\}, \forall i \in P^+, \ k \in I \tag{17}$$

Au lieu de considérer la possibilité pour un intervenant de compléter son service dans un autre secteur que le sien par le biais des coûts, nous aurions pu simplement revoir la définition des secteurs pour qu'ils soient ajustés aux nouveaux besoins au fur et à mesure. Comme il aurait été plus difficile de satisfaire les contraintes de continuité des soins dans ce cas, nous avons préféré maintenir les secteurs tel quel et pénaliser les visites d'un intervenant dans un autre secteur que le sien.

2.4 Caractéristiques de notre modélisation

Notre modélisation permet de mieux représenter la réalité des tournées des intervenants pour les visites de soins à domicile d'un CLSC. Notre modélisation du problème des tournées des intervenants est une généralisation du problème des tournées de véhicules avec fenêtres de temps sans contrainte de capacité (équivalent aussi au problème de multi voyageurs de commerce avec fenêtres de temps) auquel des contraintes sont ajoutées pour tenir compte des contraintes de prise de sang et où les coûts sont ajustées pour tenir compte des contraintes de suivi des soins et de la possibilité pour un intervenant de compléter certaines visites en dehors de son secteur d'attachement.

Notre modèle comporte un caractère dynamique introduit par les contraintes de prises de sang. En effet, nous ne connaissons pas le moment où la première prise de sang sera effectuée, mais lorsqu'au moins une prise de sang est faite avant 10h00 ou entre 10h00 et 11h00, l'intervenant impliqué doit obligatoirement retourner au CLSC au plus tard à 10h00 ou au plus tard à 11h00 pour y déposer le sang recueilli. Ainsi, nous nous retrouvons avec des patients inactifs (patients fictifs représentant le CLSC) qui deviennent actifs dès qu'une prise de sang est effectuée.

Le modèle M_g présente une analogie avec le problème de collectes et de livraisons. Nous pouvons considérer les visites avec prise de sang comme des collectes. Lorsqu'un intervenant effectue des prises de sang, alors une structure dynamique regroupe ces collectes en une ou deux livraisons, soit des retours au CLSC au plus tard à 10h00 ou à 11h00.

Chapitre 3
Résolution du problème propre à chaque secteur

Ce chapitre comporte deux sections. La première introduit et rappelle les éléments nécessaires à l'application de nos méthodes de résolution du problème propre à un secteur. Ces mêmes éléments sont aussi utilisés par nos techniques de résolution du problème global. La deuxième section s'attarde sur les méthodes de résolution du problème propre à chaque secteur, ainsi que sur certains éléments de la recherche Tabou qui sont spécifiques à notre problème.

3.1 Éléments de résolution

Du fait que le modèle M3 a hérité de nombreuses contraintes du problème de tournées de véhicules avec fenêtres de temps (VRPTW), cette section est consacrée à un résumé des principales contributions retracées dans la littérature sur le VRPTW. Nous décrivons également les éléments de base de la recherche Tabou, puisqu'elle est au cœur de toutes nos méthodes et techniques de résolution, ainsi que ses particularités lorsqu'elle est appliquée au VRPTW.

Tel qu'indiqué au chapitre précédent, notre problème peut être considéré comme une généralisation du VRPTW sans contrainte de capacité qui est un problème NP-difficile. Par conséquent, notre problème l'est aussi. Les méthodes de résolution exactes propres à ce type de problème sont complexes et relativement coûteuses en temps de calcul d'où l'idée d'orienter notre recherche vers des méthodes heuristiques pour tenter de résoudre le problème.

3.1.1 Revue de la littérature sur le VRPTW

Une vaste littérature scientifique existe sur le problème du VRPTW. Nous référons le lecteur averti aux travaux de Solomon et Desrosiers [73], Cordeau, Desaulniers et Desrosiers [21], Le Bouthillier [56], Larsen [54] et à l'excellente revue de Bräysy et Gendreau [12] et [13] focalisée sur certaines heuristiques.

Les différentes approches pour résoudre le VRPTW peuvent être classées en deux catégories : les méthodes exactes et les méthodes approchées. Parmi les méthodes exactes, se trouve la programmation dynamique appliquée par Kolen, Rinnooy et Trienekens [53]. Les auteurs reprennent le principe de la méthode de relaxation introduite par Christofides, Mingozzi et Toth [19]. Le branchement est effectué sur l'affectation des clients aux tournées déjà construites. Cette approche n'a réussi à résoudre que des problèmes de petite taille.

La décomposition lagrangienne, autre approche exacte, est utilisée par Fisher, Jornsten et Madsen [28] qui ont modélisé le VRPTW comme un problème de recherche d'un K-arbre minimum. Leur approche utilise la décomposition lagrangienne et permet de décomposer le problème en deux sous problèmes : un sous problème d'affectation et une série de sous problèmes de plus court chemin avec fenêtres de temps et contraintes de capacité. La relaxation lagrangienne est une technique qui a été utilisée par Kohl et Madsen [52].

La génération de colonnes est une autre approche exacte qui a été appliquée par Desrochers, Desrosiers et Solomon [23] et aussi par Larsen [54]. Récemment, Bard, Kontoravdis et Yu [4] ont utilisé le branch and cut comme méthode de résolution pour déterminer le nombre minimal de véhicules pour le VRPTW. La borne inférieure est calculée par la résolution d'une série de problèmes relaxés. Les solutions réalisables sont obtenues à l'aide d'une méthode de résolution GRASP de Feo et Resende [25].

Parmi les principales méthodes approchées appliquées au VRPTW se trouvent certaines heuristiques de construction proposées par Solomon [72] qui s'inspirent des travaux de Clarke et Wright [20] sur le problème des tournées de véhicules. Les heuristiques d'amélioration procèdent à une succession d'améliorations itératives en partant d'une solution construite, en général, par une heuristique de construction. Les opérateurs de modification les plus connus sont ceux de la famille λ-opt de Lin et Kernighan [57]. D'autres opérateurs spécifiques au VRPTW peuvent être trouvés dans Or [61], Osman [62], Potvin et Rousseau [65], Taillard, Gambardella, Gendreau et Potvin [75] et Kilby, Prosser et Shaw [51].

Les métaheuristiques sont les méthodes les plus utilisées car elles sont réputées pour leur excellent niveau de performance. Cette famille englobe des heuristiques, des métaheuristiques et des hybrides. Le recuit simulé utilisé par Chiang et Russell [18], Osman [62] et Thangiah, Osman et Sun [78] fait partie des métaheuristiques ainsi que les réseaux de neurones présentés dans le travail de Potvin et Robillard [64]. Les métaheuristiques comprennent aussi la recherche Tabou présente dans les travaux de Garcia, Potvin et Rousseau [32], Carlton [14], Rochat et Taillard [67], Badeau, Guertin, Gendreau, Potvin et Taillard [3], Chiang et Russell

[17], Taillard *et al.* [75], Schulze et Fahle [71], Gehring et Homberger [33], Cordeau, Laporte et Mercier [22] et Lau *et al.* [55]. D'autres catégories de métaheuristiques comprennent les algorithmes génétiques utilisés par Berger, Barkaoui et Bräysy [6], Bräysy [11], Homberger et Gehring [47], Gehring et Homberger [33], Le Bouthillier [56], Potvin et Bengio [63], Thangiah *et al.* [78] et Zhu [79] et la méthode de colonie de fourmis utilisée par Gambardella, Taillard et Agazz [31]. Finalement, le Greedy Randomized Adaptive Search Procedure (GRASP) présenté dans le travail de Chaovalitwongse, Kim et Pardalos [15] et les méthodes hybrides, utilisées par Ibaraki *et al.* [49] et Zhu [79] peuvent aussi être associées aux approches métaheuristiques.

De toutes ces catégories, il ressort que ce sont les métaheuristiques qui sont les plus utilisées. Elles peuvent traiter des problèmes de taille raisonnable en offrant des solutions de bonne qualité. C'est la raison pour laquelle nous nous intéressons plus particulièrement à l'une d'entre elles, la recherche Tabou. La recherche Tabou est utilisée par les deux méthodes de résolution que nous présentons aux sections 3.4 et 3.5.

3.1.2 Rappel de la méthode de recherche Tabou

Dans cette section, nous rappelons brièvement le principe et les éléments de la recherche Tabou qui a fait l'objet de nombreux travaux. Pour une étude complète sur la méthode, nous référons le lecteur aux travaux de Gendreau [34], Glover [37], Glover et Laguna [39], Glover, Taillard et De Werra [41], Hansen [44], Hertz [45], Hertz, Taillard et De Werra [46].

La recherche Tabou a été initialement élaborée par Glover [37] et indépendamment par Hansen [44]. Comme toute heuristique de recherche itérative, la recherche Tabou part d'une solution initiale et explore l'espace des solutions du problème. À chaque itération, elle se déplace de la solution actuelle vers une solution dans le voisinage de celle-ci. L'objectif est d'améliorer le plus possible la fonction économique. Si aucune solution du voisinage ne permet d'améliorer la fonction économique, alors nous choisissons celle qui dégrade le moins celle-ci. Le processus est répété jusqu'à la satisfaction d'un critère d'arrêt. Pour éviter de cycler, la méthode maintient une liste des dernières modifications qui ont été effectuées, appelée liste Tabou. Notons qu'il existe un mécanisme appelé critère d'aspiration permettant d'utiliser des modifications Tabou menant à des solutions intéressantes.

3.1.2.1 Voisinage

Un voisinage d'une solution x est défini par l'ensemble des solutions voisines obtenues en appliquant un ou plusieurs types de modification à la solution x. Ces types de modifications dépendent du problème. Pour le VRPTW, les modifications reposent sur l'utilisation de certains opérateurs que nous spécifions à la section 3.2.

La génération du voisinage est un élément clé dans la recherche Tabou. La première question qui vient à l'esprit a trait à la manière de le générer : faut-il le générer en entier ou générer seulement un échantillon ? Bien sûr, plus le voisinage est grand, plus la chance de trouver une bonne solution est élevée. Mais, du même coup, l'effort numérique augmente avec le nombre de voisins générés. En plus de déterminer la taille de l'échantillon du voisinage, il faut déterminer la manière de le générer. Plusieurs stratégies peuvent être utilisées dont la génération aléatoire d'un échantillon et l'examen du voisinage pour choisir la première solution qui améliore la solution courante.

3.1.2.2 Liste Tabou

Afin de réduire le risque de cycler, des modifications pouvant générer des solutions déjà visitées sont interdites. Pour cela, nous maintenons une liste Tabou correspondant à une mémoire à court terme de la méthode. Cette liste mémorise les dernières modifications effectuées. Lorsqu'une modification est déclarée Tabou, la modification inverse est interdite pendant un nombre d'itérations égal à la taille de la liste Tabou. En général, la liste Tabou est gérée de façon cyclique et sa taille peut être statique ou dynamique. Dans le cas dynamique, la taille de la liste Tabou s'ajuste en fonction de l'évolution de la recherche. En effet, cette taille décroît lorsque nous observons une dégradation de la valeur de la solution actuelle et croît dans le cas contraire. La taille de la liste Tabou est ajustée lors des tests numériques.

3.1.2.3 Critère d'aspiration

La liste Tabou empêche d'utiliser certaines modifications pour un certain nombre d'itérations. Or, le fait d'interdire une modification n'élimine pas seulement des solutions visitées récemment, mais tout un ensemble de solutions non encore visitées et dont certaines peuvent être attrayantes. Il existe des situations où il serait souhaitable de revenir sur une modification déjà rencontrée, soit parce qu'elle mène vers une nouvelle solution intéressante, soit pour continuer la recherche dans une autre direction. Le mécanisme du critère d'aspiration introduit dans la recherche Tabou permet non seulement de lever le statut Tabou d'un élément de la liste Tabou, mais aussi de guider la recherche dans des directions prometteuses sans pour autant introduire un risque de cycler. Une liste de plusieurs de ces critères d'aspiration est donnée dans Glover et Laguna [39]. Les critères d'aspiration les plus utilisés sont :

- accepter de lever le statut Tabou d'une modification si celle-ci permet d'améliorer la meilleure solution trouvée jusqu'ici. Ce critère est simple mais peut sembler trop restrictif au sens où il ne peut être satisfait que rarement une fois la meilleure solution devenue très bonne ;
- utiliser une fonction $A(m)$ déterminant le niveau d'aspiration associé à chaque modification m. Ainsi, la valeur $A(m)$ représente un seuil à atteindre si nous voulons nous assurer de ne pas cycler en utilisant la modification m. Par conséquent, dans un contexte de minimisation, quand nous considérons une modification m permettant de passer de x à x', si $f(x') < A(m)$ alors nous pouvons mettre de côté le statut Tabou de la modification m. Ce critère d'aspiration est mis à jour en initialisant $A(m)$ à $f(x^0)$, la valeur de la solution initiale. Puis, chaque fois qu'une modification m est appliquée pour passer d'une solution x à une solution x' pour laquelle $f(x') < A(m)$, nous posons $A(m) = f(x')$.

3.1.2.4 Critère d'arrêt

Du fait même de la nature heuristique de la recherche Tabou, rien ne garantit la convergence de l'algorithme vers une solution optimale ni même la monotonicité de la valeur de la solution actuelle. Le critère d'arrêt est satisfait lorsque le nombre d'itérations depuis le début de la recherche ou depuis la dernière amélioration est atteint.

3.1.2.5 Stratégies d'intensification et de diversification

La recherche Tabou est conçue pour effectuer une recherche « intelligente » afin d'identifier une bonne solution. Ainsi, quand une région de l'ensemble des solutions semble contenir de bonnes solutions, il peut être intéressant d'intensifier la recherche dans cette région. Ceci correspond à la stratégie d'intensification. Elle est utilisée surtout lorsque le voisinage de la solution est assez réduit. La stratégie complémentaire de diversification permet d'élargir le champ de recherche dans diverses régions du domaine réalisable.

3.1.2.5.1 Intensification

Lorsqu'une région de l'espace des solutions semble prometteuse, c'est-à-dire lorsqu'elle semble contenir de bonnes solutions, la recherche dans cette région est intensifiée. Le processus d'intensification peut être mis en place selon une des stratégies présentées dans Soriano et Gendreau [74] :

- retourner à l'une des meilleures solutions rencontrées jusque-là, puis reprendre la recherche à partir de ce point en réduisant la taille de la liste Tabou ;
- fixer temporairement certaines portions de la solution actuelle se retrouvant dans de nombreuses solutions de qualité supérieure rencontrées dans le passé ;
- élargir le voisinage autour de certaines solutions.

3.1.2.5.2 Diversification

Une technique de recherche intelligente n'explore pas seulement une région qui contient de bonnes solutions mais elle vise à avoir une vue générale de l'ensemble des solutions et essaie de s'assurer qu'il n'y a pas de régions lointaines entièrement négligées. En effet, durant la recherche d'une solution, nous essayons de mémoriser des informations qui seront utiles pour construire des solutions appartenant à des régions non encore explorées. En général, une mémoire à moyen terme enregistre le nombre de fois que certaines modifications récentes ont été effectuées. Ce processus d'apprentissage sur l'historique de la recherche effectuée jusqu'à maintenant a pour but de rendre la recherche Tabou plus efficace, non seulement pour explorer les zones oubliées, mais aussi pour créer de nouvelles solutions à partir de la combinaison de certaines parties des bonnes solutions identifiées. Le mécanisme de diversification peut être réalisé en utilisant une des stratégies suivantes discutées en détails dans Glover *et al.* [41], Hubscher et Glover [48], Kelly, Laguna et Glover [50] et Soriano et Gendreau [74] :

- relancer la recherche à partir de différentes solutions initiales générées aléatoirement ;
- interrompre périodiquement l'heuristique de recherche et la faire recommencer à partir d'une nouvelle solution générée aléatoirement ou en choisissant celle-ci plus intelligemment de façon à se retrouver dans une région non encore visitée ;
- perturber la fonction coût en introduisant un terme qui pénalise les modifications effectuées fréquemment ;
- même chose que précédemment, mais en favorisant les modifications rarement rencontrées.

3.1.2.6 Algorithme standard de la recherche Tabou (TS)

L'algorithme de la recherche Tabou peut se résumer comme suit :

Étape 1 : Initialisation
• *construire une solution initiale à l'aide d'une heuristique d'initialisation et en faire la solution actuelle*
• *initialiser la liste Tabou*
Étape 2 : Recherche Tabou
Répéter tant que le critère d'arrêt n'est pas satisfait :
• *génération du voisinage de la solution actuelle (ou d'un échantillon) en tenant compte de la liste Tabou*
• *déterminer la meilleure solution du voisinage (qui n'entraînera pas nécessairement une amélioration de la fonction coût)*
• *mise à jour de la solution actuelle, du nombre d'itérations et de la liste Tabou*

Tableau 3.1 : Algorithme général de la recherche Tabou

3.2 Particularités de la recherche Tabou pour le VRPTW

La génération du voisinage est l'un des éléments clés de la recherche Tabou. Dans le cas du VRPTW, cette génération est effectuée à l'aide de nombreux opérateurs qui ont été décrits dans plusieurs articles portant sur le VRPTW. Nous rappelons les opérateurs les plus utilisés pour le VRPTW avant de présenter les opérateurs choisis pour notre problème.

3.2.1 Opérateur λ-opt

Une des techniques les plus utilisées dans les problèmes de routage est la technique λ-opt de Lin *et al.* [57]. Cette technique utilise l'opérateur λ-opt qui a d'abord été conçu pour le problème du voyageur de commerce et qui est basé sur des échanges d'arcs (ou arêtes). Par cet opérateur, λ arcs d'une tournée (λ=1, 2 ou 3) sont supprimés et remplacés par λ nouveaux arcs, redéfinissant ainsi une nouvelle tournée. La valeur la plus souvent utilisée pour λ est 2. Le fonctionnement de l'opérateur est illustré à la figure 3.1 où les arcs $(i, i+1)$ et $(j-1, j)$ sont remplacés par les arcs $(i, j-1)$ et $(i+1, j)$. Malheureusement, cet opérateur n'est pas bien adapté au cas des problèmes avec fenêtres de temps car les contraintes temporelles sont souvent violées après l'échange des arcs. En effet, dans la figure 3.1, l'orientation de la partie de la tournée comprise entre le client i+1 et le client j-1 est inversée. Ceci entraîne souvent une violation des contraintes de temps puisque, en général, les clients sont visités selon l'ordre croissant des bornes supérieures de leurs fenêtres de temps.

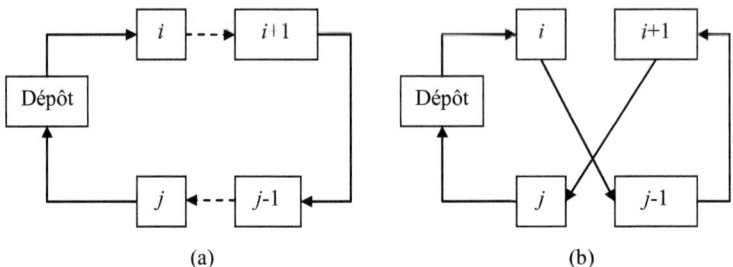

Figure 3.1 : Opérateur 2-opt

3.2.2 Opérateur 2-opt*

Potvin et Rousseau [65] ont présenté un opérateur 2-opt* qui implique deux tournées et qui permet de maintenir l'orientation des tournées. L'opérateur 2-opt* est donc surtout appliqué aux problèmes avec fenêtres de temps. La figure 3.2 illustre son fonctionnement. L'idée de base est d'échanger les clients de deux tournées afin de préserver l'orientation des tournées. Les clients se trouvant à la fin des deux tournées sont échangés.

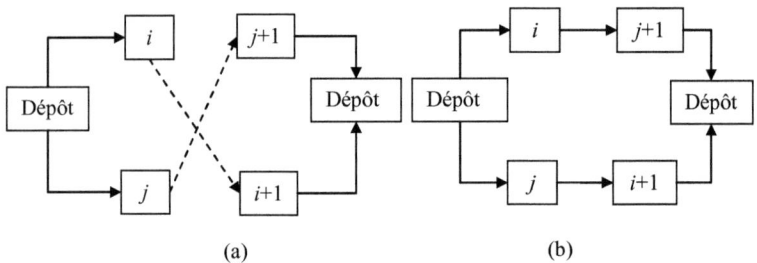

Figure 3.2 : Opérateur 2-opt*

3.2.3 Opérateur Or-opt

Or [61] a introduit l'opérateur Or-opt qui préserve l'orientation de la tournée pour le problème du voyageur de commerce. Dans cette technique, une partie de la tournée formée de clients consécutifs est déplacée vers une autre partie de la tournée en préservant le sens de parcours des clients dans cette tournée. Dans la figure 3.3, l'arc $(i, i+1)$ est déplacé entre les clients j et j+1. L'opérateur Or-opt peut être vu comme une variante de 3-opt puisque trois arcs sont supprimés et remplacés. Il existe une autre variante de cet opérateur qui s'applique entre tournées et qui consiste à supprimer de la première tournée une partie de la tournée formée de clients consécutifs et de l'insérer dans la deuxième tournée.

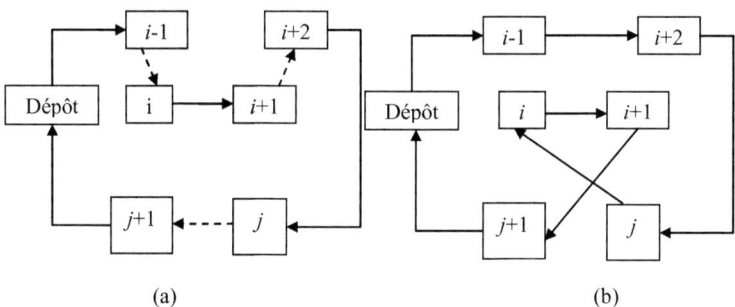

Figure 3.3 : Opérateur Or-opt

3.2.4 Opérateur Relocate

Kilby *et al.* [51] ont présenté l'opérateur Relocate qui fait aussi intervenir deux tournées. Comme illustrés dans la figure 3.4, les arcs $(i-1, i)$, $(i, i+1)$ et $(j, j+1)$ sont remplacés par les arcs $(i-1, i+1)$, (j, i) et $(i, j+1)$ ce qui entraîne le déplacement du client i de sa tournée d'origine à une autre tournée.

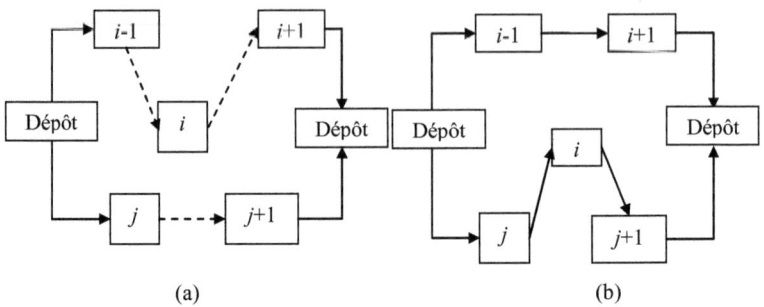

Figure 3.4 : Opérateur Relocate

3.2.5 Opérateur Exchange

L'opérateur Exchange a aussi été introduit par Kilby *et al.* [51]. Il implique deux tournées et deux clients qui sont échangés entre celles-ci. La figure 3.5 illustre son fonctionnement. Les arcs $(i-1,i)$, $(i,i+1)$, $(j-1,j)$ et $(j,j+1)$ sont remplacés par les arcs $(i-1,j)$, $(j,i+1)$, $(j-1,i)$ et $(i,j+1)$, et les clients *i* et *j* changent de tournées.

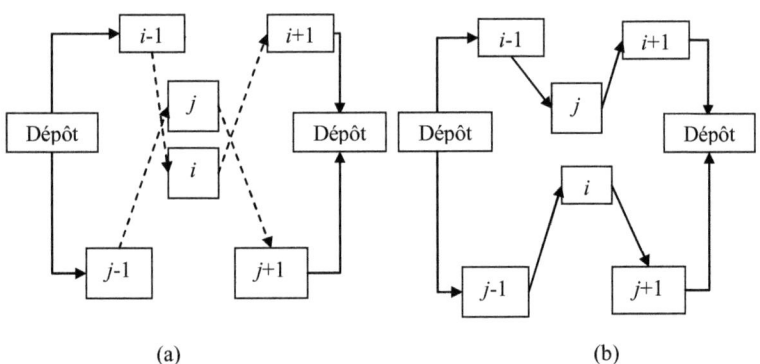

Figure 3.5 : Opérateur Exchange

3.2.6 Opérateur λ-échange

L'opérateur λ-échange a été introduit par Osman [62]. Un λ-échange entre une paire de tournées T_p et T_q consiste à remplacer un ensemble de la tournée T_p comportant S_p clients, de taille $|S_p| \leq \lambda$, par un autre ensemble de la tournée T_q comportant S_q clients, de taille $|S_q| \leq \lambda$. L'opérateur λ-échange permet d'obtenir deux nouvelles tournées $NT_p = (T_p - S_p) \cup S_q$ et $NT_q = (T_q - S_q) \cup S_p$. S_p ou S_q pouvant être vide, ce type d'échange permet aussi bien le transfert de clients d'une tournée vers une autre que l'échange de clients entre deux tournées. Notons que les opérateurs Relocate et Exchange introduits précédemment sont des cas particuliers de l'opérateur λ-échange où λ=1.

Plusieurs autres opérateurs sont également utilisés, parmi lesquels nous pouvons mentionner :

- les opérateurs GENI, US et GENIUS introduits par Gendreau, Hertz et Laporte [35] ;
- l'opérateur CROSS-Exchange introduit par Taillard, Badeau, Gendreau, Guertin et Potvin [76] ;
- l'opérateur Ejection Chains proposé par Glover [36].

3.3 Résolution du problème propre à un secteur

Dans cette section, nous présentons deux méthodes de résolution du problème propre à un secteur basées sur une recherche Tabou. La première méthode s'inspire de l'approche de Lau *et al.* [55] et la deuxième méthode correspond à une recherche Tabou qui utilise l'heuristique d'insertion de Solomon [72] pour générer une solution initiale. La différence principale entre ces deux méthodes est que la première vise à réduire le nombre d'intervenants alors que la deuxième est plutôt orientée vers la minimisation du coût.

3.3.1 Recherche Tabou appliquée à notre problème

Dans cette section, nous allons spécifier certains éléments de la recherche Tabou utilisés dans nos méthodes de résolution du problème propre à un secteur et aussi dans les techniques de résolution présentées au chapitre 4 pour la résolution du problème global.

3.3.1.1 Génération du voisinage

Les opérateurs que nous utilisons pour générer le voisinage lors de la résolution de notre problème sont basés sur les opérateurs Relocate et Exchange. Le voisinage d'une solution est donc généré en considérant toutes les modifications possibles (basées sur les opérateurs Relocate et Exchange) entre les différentes paires de tournées. La modification qui génère la meilleure amélioration de la fonction économique est choisie. L'évaluation complète du voisinage à chaque itération peut devenir rapidement trop exigeante en temps de calcul d'où l'idée de se concentrer sur un échantillon généré de façon aléatoire. La taille de l'échantillon est un autre paramètre qu'il faut ajuster.

Nous avons choisi d'utiliser les opérateurs Relocate et Exchange à cause de la structure de notre problème qui comprend des patients réguliers et des patients fictifs. Ces derniers ne peuvent être déplacés d'une tournée à l'autre. Ainsi, les modifications que nous utilisons doivent tenir compte de cette caractéristique. Or, les opérateurs Or-opt et 2-opt* modifient un ou plusieurs arcs à la fois qui peuvent impliquer ces patients fictifs. Par conséquent, ces modifications ne pourraient être appliquées, limitant ainsi le nombre de modifications admissibles et la taille du voisinage. Contrairement à Or-opt et à 2-opt*, les opérateurs Relocate et Exchange ont l'avantage de s'appliquer aux nœuds plutôt qu'aux arcs.

3.3.1.1.1 Structure de la tournée d'un intervenant

Notre problème considère les visites régulières et les visites avec prises de sang. La présence des visites régulières dans une tournée n'influence pas trop la structure de celle-ci alors que la présence de visites avec prises de sang vient compliquer une telle structure. C'est pourquoi nous nous intéressons surtout au cas des visites avec prises de sang qui impliquent des changements sur la structure de la tournée. Pour mieux illustrer les modifications suite à l'application des opérateurs Relocate et Exchange, considérons les quatre types de tournées schématisées dans la figure 3.6. Le type 1 constitue une tournée sans prise de sang où les deux nœuds aux extrémités représentent le départ et le retour au CLSC. Le type 2 constitue une tournée avec des prises de sang uniquement avant 10h00 et le nœud additionnel est associé au patient fictif p_{10} à visiter (qui correspond en fait à un retour au CLSC avant 10h00). Le type 3 est similaire au type 2 à la différence que les prises de sang sont uniquement complétées entre 10h00 et 11h00. Le nœud additionnel est associé au patient fictif p_{11}. Finalement, le type 4 correspond à une tournée où certaines prises de sang sont complétées avant 10h00 et d'autres, entre 10h00 et 11h00. Les nœuds additionnels correspondent aux patients fictifs p_{10} et p_{11}.

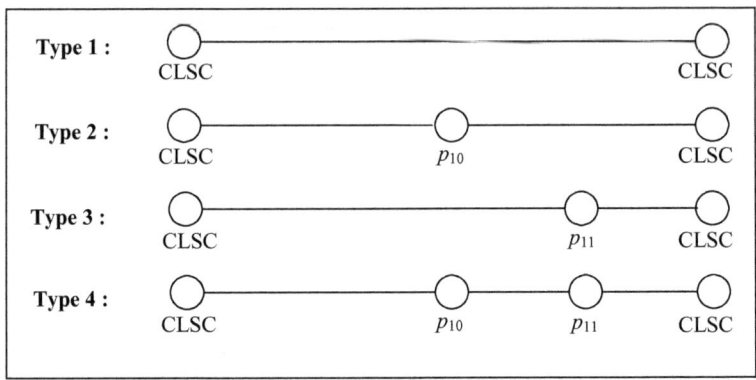

Figure 3.6 : Structure des tournées des intervenants

Le fait de déplacer une visite avec prise de sang ou d'échanger des visites dont au moins une est avec prise de sang peut modifier le type des tournées impliquées. La figure 3.7 résume sous forme de diagramme les transitions possibles entre les divers types de tournées dans ce cas, suite à l'application des opérateurs Relocate et Exchange qui sont adaptés pour tenir compte de l'introduction ou de l'élimination des patients fictifs (p_{10} ou p_{11}) dans certaines tournées. Par exemple, l'insertion d'une première visite de type prise de sang dans une tournée formée uniquement de visites régulières permet de modifier sa structure à partir du type 1 au type 2 ou au type 3 dépendamment du moment où la visite a été effectuée, d'où la présence dans la figure 3.7 de deux flèches partant du type 1 vers le type 2 et vers le type 3 illustrant ces deux types de transitions possibles.

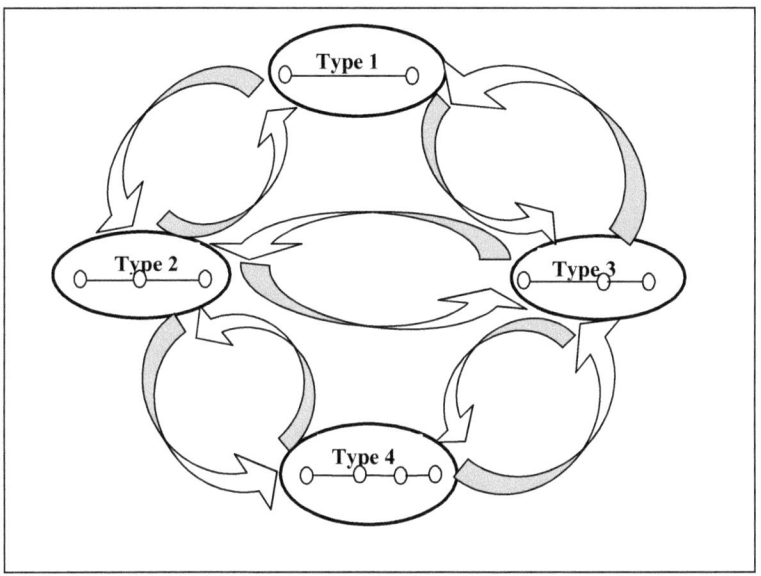

Figure 3.7 : Diagramme de transition entre les différents types de tournées

3.3.1.1.2 Meilleur voisin

Pour chaque patient i d'une tournée quelconque, nous déterminons une liste des patients d'une deuxième tournée avec lesquels i est susceptible d'être échangé avec l'opérateur Exchange. Le patient j qui induit la plus faible valeur de la fonction économique est choisi. L'insertion du patient i dans une autre tournée est effectuée par l'opérateur Relocate en choisissant la position la plus bénéfique en termes de coût. Toutes les modifications de type insertion ou échange sont évaluées pour chaque patient et la solution obtenue suite à la modification qui génère le coût le plus faible est choisie comme meilleur voisin.

3.3.1.2 Structure de la liste Tabou

Si la modification est de type Relocate, c'est-à-dire si elle correspond à un déplacement d'un patient i de sa tournée actuelle k vers une autre tournée h, alors l'attribut (i, k) est déclaré Tabou. Si la modification est de type Exchange, c'est-à-dire si elle échange un client i de la tournée k avec un client j de la tournée h, alors les deux attributs (i, k) et (j, h) sont déclarés Tabou. Une modification est dite Tabou si au moins l'un de ses attributs est Tabou.

Au lieu d'utiliser une liste classique circulaire, nous avons choisi d'implanter la liste Tabou au moyen d'un tableau $Tabu(|V| \times (|I| + 1))$ dont les lignes sont indexées par les patients et les colonnes par les tournées des intervenants. Notons que la $(|I|+1)^{\text{ième}}$ colonne comprend l'ensemble des patients n'ayant pas encore été affectés à une tournée d'un intervenant. Cette structure est semblable à celle utilisée dans le travail de Chiang et Russell[17].

Au début de la recherche, le tableau *Tabu* est initialisé avec des valeurs nulles. Pour déclarer Tabou une modification caractérisée par l'attribut (i, k) pendant t itérations à partir de l'itération actuelle *iter*, il suffit de poser *Tabu*[i,k] = *iter*+t. Ainsi, l'intervenant k ne peut visiter le patient i pendant les t prochaines itérations où t est la taille de la liste Tabou. À une itération quelconque r, l'attribut (i, k) est considéré Tabou si $Tabu[i,k] \geq r$. Tout attribut (i, k) déclaré Tabou voit son statut s'annuler automatiquement dès que le nombre d'itérations inscrit dans *Tabu*[i,k] devient inférieur au nombre actuel d'itérations.

La structure de la liste Tabou permet également d'autres opérations comme la modification dynamique de la taille de la liste Tabou. En effet, au lieu de rester fixe, la taille de la liste Tabou peut évoluer aléatoirement au fil du processus de recherche. Une façon de faire consiste à choisir la taille de la liste Tabou dans un intervalle [$minT, maxT$] et à régénérer les bornes de cet intervalle périodiquement après un certain nombre d'itérations.

3.3.1.3 Critère d'aspiration

Parmi les deux critères d'aspiration introduits dans la description générale de la recherche Tabou, seul le critère qui permet d'améliorer la meilleure solution trouvée depuis le début de la recherche, est utilisé puisqu'il est facile à implanter. L'autre critère qui utilise une fonction pour déterminer le niveau d'aspiration associé à chaque modification, nécessite une matrice $Asp(|V| \times (|I|+1))$ pour son implantation et il n'est pas utilisé.

3.3.1.4 Critère de comparaison de deux solutions

Pour choisir la meilleure solution dans le voisinage de la solution actuelle, nous avons besoin d'un critère de comparaison. Un premier critère de comparaison souvent utilisé est la valeur de la fonction économique. Les coûts de la fonction économique du modèle M3 ont été définis de façon à réduire le nombre d'intervenants utilisés (en considérant d'abord les intervenants fictifs, ensuite ceux de la liste de rappel et en dernier lieu, les intervenants réguliers) et à affecter les patients prioritairement à l'intervenant responsable de leur suivi. Les coûts de la fonction économique du modèle Mg sont définis, en plus, de façon à permettre aux intervenants de compléter leur tournée dans un autre secteur tout en desservant prioritairement les patients de leur secteur.

3.4 La méthode de type Lau pour la résolution du problème propre à chaque secteur

La méthode de type Lau est basée sur l'approche de Lau et al. [55] utilisée pour les problèmes de tournées de véhicules où le nombre de véhicules utilisés et le coût total sont minimisés.

3.4.1 Liste d'attente (holding list)

L'importance de la liste d'attente réside dans le fait qu'elle permet d'explorer à la fois l'espace des solutions réalisables et l'espace des solutions non réalisables.

Ce concept de la liste d'attente est introduit par Lau et al. [55] pour permettre l'exploration de l'espace des solutions non réalisables d'un problème de tournées de véhicules avec fenêtres de temps. Cette liste d'attente a été conçue pour contenir les clients qui ne sont pas visités dans la solution actuelle partielle. L'idée intuitive derrière l'introduction de cette liste est d'imiter le rôle des variables artificielles introduites dans la phase I de l'algorithme du simplexe. Une solution réalisable du problème des tournées de véhicules avec fenêtres de temps est obtenue lorsque tous les clients sont visités et que la liste d'attente est vide, situation analogue à celles où les valeurs des variables artificielles deviennent nulles.

La stratégie de la liste d'attente permet aussi l'élargissement de l'espace de recherche. En effet, en plus des déplacements habituels effectués entre les différentes tournées, l'introduction de cette liste permet d'envisager d'autres modifications :

- transférer un client de la liste d'attente vers une tournée existante ;
- inversement, transférer un client d'une tournée vers la liste d'attente ;

- échanger un client d'une tournée existante avec un client de la liste d'attente.

La liste d'attente des patients à affecter aux tournées des intervenants (par insertion ou par échange), peut être considérée aussi comme une tournée « fictive ».

3.4.2 Approche de résolution de Lau *et al.* [55]

La plupart des approches de résolution du problème de tournées de véhicules avec fenêtres de temps proposées dans la littérature procèdent en deux phases : une phase de construction au cours de laquelle une solution réalisable, aussi bonne que possible, est construite pour initialiser l'heuristique et une phase d'amélioration au cours de laquelle un processus d'amélioration itératif est appliqué à la solution générée dans la première phase.

Lors de l'application de leur approche, Lau *et al.* [55] supposent qu'ils disposent d'un nombre insuffisant de véhicules. Les objectifs poursuivis sont de minimiser à la fois le nombre de véhicules utilisés et le coût total. Ainsi, leur stratégie de résolution consiste à exploiter au mieux le peu de véhicules disponibles en essayant de visiter un plus grand nombre de clients au cours de chaque tournée. Leur approche sert donc à résoudre un problème équivalent à la combinaison de deux problèmes : un problème de bin-packing qui consiste à visiter le plus de clients possibles au cours de chaque tournée et un problème de voyageur de commerce avec fenêtres de temps pour minimiser le coût de chaque tournée.

L'approche proposée par Lau *et al.* [55] se distingue donc des autres approches du VRPTW par la façon de réduire le nombre de véhicules utilisés. En effet, de nouveaux véhicules sont ajoutés à chaque étape et une phase de recherche, basée sur la recherche Tabou, est lancée pour visiter le plus grand nombre de clients possibles. Le processus se poursuit jusqu'à ce que tous les clients soient visités ou jusqu'à ce que le nombre de véhicules disponibles soit atteint. Ce mécanisme d'ajout progressif des véhicules est rendu possible grâce à l'introduction d'une liste d'attente. Cette dernière ne sert pas uniquement à contenir les clients non encore visités dans la solution partielle actuelle, mais elle est aussi considérée comme une tournée « fictive » impliquée dans les processus d'échange et d'insertion de clients avec les tournées réelles.

3.4.3 Adaptation de l'approche de Lau *et al.* [55] pour la résolution du problème propre à chaque secteur

Étant donné que, dans notre problème, nous disposons d'un nombre limité d'intervenants, il est intéressant de considérer une approche inspirée de celle de Lau *et al.* [55] pour mieux utiliser les intervenants disponibles afin de réduire le recours aux intervenants de la liste de rappel ou aux intervenants fictifs. Dans le processus de résolution, nous allons utiliser une liste d'attente (holding list) qui comporte les patients non encore visités. À chaque itération du processus, un seul nouvel intervenant est introduit et une méthode de recherche Tabou est appliquée pour maximiser le nombre de patients visités et réduire le coût total des tournées. Le processus de résolution est initialisé en plaçant tous les patients dans la liste d'attente.

Notons que la liste d'attente joue, en quelque sorte, le rôle des intervenants fictifs introduits dans le modèle M3. Le coût d'insertion d'un patient dans cette liste, C_7, correspond au coût de pénalité de l'insérer dans la tournée d'un intervenant fictif (ce qui est équivalent à ne pas le desservir).

En somme, cette liste d'attente peut être vue comme une tournée fictive où l'ordre dans lequel les patients sont visités n'a pas d'importance.

3.4.4 Algorithme de la méthode de type Lau

Notation :

numInterv : nombre d'intervenants utilisés
holdingList : liste d'attente

L'algorithme de la méthode de type Lau pour la résolution d'un problème propre à un secteur donné s, est décrit comme suit :

Étape 1 : Initialisation
- *générer une solution initiale en plaçant tous les patients dans holdingList*
- *numInterv := 0*

Étape 2 : Méthode de résolution

Tant que holdingList $\neq \phi$ et numInterv $\neq |I_s|$ faire

- *ajouter un nouvel intervenant d'abord choisi parmi les intervenants réguliers, puis parmi ceux de la liste de rappel et enfin parmi les intervenants fictifs (numInterv := numInterv +1)*
- *résoudre le problème avec cet intervenant supplémentaire en utilisant une recherche Tabou*

Fin du tant que

Tableau 3.2 : Algorithme de la méthode de type de Lau

Pour améliorer la performance de l'approche, la solution initiale est choisie au début de chaque itération en utilisant la meilleure solution obtenue jusqu'ici à laquelle nous ajoutons une tournée vide correspondant au nouvel intervenant. De plus, puisque les intervenants réguliers ne sont pas tous identiques (par leur liste de suivi), l'ordre d'introduction de ces intervenants est fonction de la taille de leur liste de suivi. En effet, l'intervenant régulier à introduire parmi ceux non encore utilisés est celui assurant le suivi au plus grand nombre de patients. Dans le cas où la taille de la liste de suivi est la même pour plusieurs intervenants candidats, le choix est effectué de façon aléatoire.

3.5 La méthode de type Solomon-Tabou pour la résolution du problème propre à chaque secteur

La méthode de type Solomon-Tabou présentée dans cette section est basée sur la recherche Tabou présentée à la section 3.3.1 et sur l'heuristique d'insertion de Solomon [72] pour générer une solution initiale. L'heuristique d'insertion séquentielle proposée par Solomon [72] est sans doute l'heuristique la plus utilisée pour construire une solution initiale pour le VRPTW. C'est une heuristique basée sur le principe d'insertion classique. Elle maintient à tout instant une liste L de clients non encore visités. Les tournées sont alors construites une à une, et à chaque itération, un nouveau client de la liste L est inséré dans la tournée en construction. Le choix du prochain client à insérer se fait à partir d'une mesure pondérée du détour et du retard. Chaque nouvelle tournée est d'abord initialisée par un client germe dont le choix est effectué selon un critère géographique (choisir le client non encore visité le plus éloigné du dépôt) ou un critère temporel (choisir le client non encore visité dont la visite est la moins urgente).

Le coût d'insertion d'un client p non encore visité entre deux clients consécutifs i et j de la tournée est défini par
$$c_1(i,p,j) = \delta \times c_{11}(i,p,j) + (1-\delta) \times c_{12}(i,p,j) \text{ où } c_{11}(i,p,j) = d_{ip} + d_{pj} - \mu \times d_{ij}$$
représente la modification de la longueur de la tournée suite à l'insertion du

client p (où μ est un paramètre non négatif, si $\mu=1$ alors $c_{11}(i,p,j)$ correspond à une mesure de détour classique), $c_{12}(i,p,j) = b_{j_p} - b_j$ représente le délai pour le début du service au patient j induit par l'introduction du client p (b_{j_p} représente le nouveau moment du début de service au client j) et δ est un coefficient de pondération dans l'intervalle [0 1].

Le meilleur endroit où insérer p entre les clients $i(p)$ et $j(p)$ est déterminé par $c_1(i(p), p, j(p)) = \min_{(i,j)} c_1(i,p,j)$. Le choix du client p à insérer tient compte de son éloignement par rapport au dépôt et de son coût d'insertion dans la tournée actuelle. Le client à insérer, $\overline{p}$, est déterminé par $\overline{p} = Arg\max_{p} c_2(i(p), p, j(p))$ où $c_2(i(p), p, j(p)) = \lambda \times d_{0p} + c_1(i(p), p, j(p))$. Le coût c_2 peut être vu comme une mesure de gains de Clarke and Wright généralisée.

L'heuristique nécessite un calibrage des paramètres δ, μ et λ. En pratique, les valeurs les plus utilisées sont $\lambda=1$ ou 2, $\delta=0$ ou 1 et $\mu=1$. Dans notre cas, les valeurs $\lambda=1$, $\delta=1$ et $\mu=1$ ont donné de bons résultats lors des tests numériques.

3.5.1 Algorithme de l'heuristique d'insertion de Solomon [72]
Notation :

T : tournée actuelle
L : liste des patients non encore visités
L'algorithme de l'heuristique d'insertion de Solomon [72] est décrit comme suit :

> **Étape 1 : Initialisation**
> $L \leftarrow$ tous les patients du secteur considéré
> **Étape 2 : Phase de construction**
>   Tant que $L \neq \phi$ faire
>   - $T \leftarrow \{p\}$ avec p un germe généré à partir de L
>   - $L \leftarrow L \setminus \{p\}$, insertion$\leftarrow$Vrai
>   - Tant que insertion faire
>   - calculer $c_1(i(p), p, j(p)) = \min_{(i,j) \in T} c_1(i, p, j) \quad \forall\, p \in L$
>   - $\overline{p} = Arg \max_{p \in L} c_2(i(p), p, j(p))$
>   - si $\overline{p}$ est insérable dans T
>   - $T \leftarrow T \cup \{\overline{p}\}$
>   - $L \leftarrow L \setminus \{\overline{p}\}$
>   sinon insertion$\leftarrow$Faux
>   Fin de Tant que
> Fin de Tant que

Tableau 3.3 : Heuristique d'insertion de Solomon [72]

Si nous voulons utiliser l'heuristique d'insertion de Solomon pour générer plusieurs solutions, nous pouvons appliquer la procédure à plusieurs reprises en remplaçant le critère de sélection du germe (géographique ou temporel) par un critère permettant de sélectionner de façon aléatoire le germe de chaque nouvelle tournée.

3.5.2 Algorithme de la méthode de type Solomon-Tabou

L'algorithme de la méthode de type Solomon-Tabou correspond à l'algorithme général de la recherche Tabou présenté au paragraphe 3.1.2.6

où la solution initiale est générée par l'heuristique d'insertion de Solomon du tableau 3.3.

Étape 1 : Initialisation

- *générer une solution initiale en utilisant l'heuristique d'insertion de Solomon du tableau 3.3*
- *initialiser la liste Tabou*

Étape 2 :

Répéter tant que le critère d'arrêt n'est pas satisfait :
- *génération du voisinage de la solution actuelle en tenant compte de la liste Tabou*
- *déterminer la meilleure solution du voisinage*
- *mise à jour de la solution actuelle, du nombre d'itérations et de la liste Tabou*

Tableau 3.4 : Algorithme de la méthode de type Solomon-Tabou

Chapitre 4
Résolution du problème global

Dans ce chapitre, nous présentons un mécanisme de résolution pour générer une solution du problème global Mg et une approche de résolution multi solutions pour ce même problème.

4.1 Mécanisme de résolution du problème global Mg

Pour résoudre le problème global Mg, une solution initiale composée de solutions obtenues individuellement pour chaque secteur, doit être déterminé. Ces solutions aux problèmes propres à chaque secteur peuvent être générées, entre autre, par la méthode de type Lau ou celle de type Solomon-Tabou.

Le mécanisme de résolution du problème global Mg a pour objet d'améliorer cette solution initiale en tenant compte de la possibilité pour un intervenant de compléter sa tournée dans des secteurs autre que le sien. L'application de la méthode Tabou décrite à la section 3.3.1 à l'ensemble des tournées des intervenants de tous les secteurs génère une solution améliorée pour le problème Mg.

Dans le but d'accélérer le mécanisme de résolution et avant d'utiliser la méthode Tabou, nous appliquons une procédure de prétraitement à la solution initiale pour libérer certains intervenants afin d'en réduire le nombre. En effet, la solution du problème propre au secteur générée par la méthode de type Lau présente, dans certains cas, la particularité que le dernier intervenant introduit est affecté à un nombre restreint de patients. La présence de ce type d'intervenants dans la solution globale incite donc à procéder d'abord à leur libération. Pour libérer un intervenant, la procédure doit insérer, dans les tournées des autres intervenants, les patients visités par cet intervenant même si ceci peut détériorer la fonction économique. La procédure s'arrête dès qu'elle ne réussit plus à libérer d'intervenants. La procédure cherche à libérer d'abord les intervenants fictifs, puis les intervenants de la liste de rappel et enfin les intervenants réguliers effectuant peu de visites.

L'algorithme de ce mécanisme de résolution du problème global Mg est résumé dans le tableau 4.1.

Phase 1 : Résolution des problèmes liés aux secteurs
- *appliquer une méthode de résolution pour chaque secteur*

Phase 2 : Résolution du problème global
- *construire une solution initiale à partir des solutions déjà trouvées pour chaque secteur*
- *libérer les intervenants qui peuvent l'être*
- *appliquer la méthode de recherche Tabou de la section 3.3.1 pour améliorer la solution du problème global*

Tableau 4.1 : Mécanisme de résolution du problème global

4.2 Approche de résolution multi solutions pour le problème global

Notre approche multi solutions s'inspire fortement de la recherche par dispersion (scatter search) de Glover *et al.* [40] qui utilise des pools de solutions constituant une mémoire adaptative (Rochat et Taillard [67]). Chacune des solutions faisant partie des pools initiaux peut être générée avec le mécanisme décrit à la section 4.1.

Nous présentons, dans le tableau 4.2, l'algorithme de notre approche pour illustrer le processus et nous décrivons ses différentes composantes.

Phase I (génération du pool principal) :

générer un pool principal (formé de deux pools) de solutions pour le problème global Mg

Phase II (exploitation du pool principal) :

1) générer une solution x à partir du pool principal
2) améliorer la solution x :
   i) redéfinir les secteurs en fonction des patients visités par les intervenants (voir remarque)
   ii) résoudre le problème propre à chaque secteur avec la méthode Tabou (section 3.3.1) en utilisant la solution disponible comme solution initiale
   iii) appliquer la phase 2 du mécanisme de résolution (tableau 4.1) afin d'obtenir une solution du problème global Mg
3) mettre à jour les pools
4) si le critère d'arrêt n'est pas satisfait, retourner en 1)

Tableau 4.2 : Algorithme de l'approche multi solutions

Remarque : À l'étape 2.i) du tableau 4.2, il est mentionné que les secteurs sont redéfinis en fonction des patients visités par les intervenants. Un secteur est généralement défini par les intervenants qui lui sont affectés et par les patients affectés à ces mêmes intervenants. Si un intervenant doit visiter des patients qui ne sont pas à l'origine rattachés au même secteur que le sien, alors le secteur sera redéfini pour les intégrer.

4.2.1 Recherche par dispersion et mémoire adaptative

Malgré que la méthode Tabou ait été conçue dans le but d'échapper à certains optima locaux, elle a l'inconvénient d'être limitée par la vision locale de son principe de recherche. C'est ainsi que de nombreuses extensions et améliorations ont été proposées dans le but d'apporter une vision plus globale au processus de recherche dont les stratégies d'intensification et de diversification de Glover et Laguna [38] et le concept de mémoire adaptative proposée par Rochat et Taillard [67].

Rochat et Taillard [67] ont proposé une mémoire adaptative pour le problème de tournées de véhicules. Cette mémoire est constituée d'un pool des bonnes solutions qui est dynamiquement mise à jour tout au long du processus de recherche. Périodiquement, certaines tournées des solutions du pool sont extraites et combinées pour produire une nouvelle solution. Évidemment, un mécanisme de réparation est souvent nécessaire pour rendre cette solution réalisable avant de pouvoir appliquer une méthode de résolution pour l'améliorer.

Il est facile de concevoir que plus une méthode de résolution utilise un mode de mémoire élaboré, plus elle a de chances d'être performante. Par exemple, la recherche Tabou (version standard), qui n'est autre qu'une méthode de descente intégrant une forme de mémoire à court terme appelée liste Tabou, se trouve nettement améliorée dès qu'elle est dotée d'autres types de mémoire.

Le concept de mémoire adaptative est un concept qui est commun à la plupart des métaheuristiques. Comme mentionné dans le travail de Taillard *et al.* [75], les algorithmes génétiques, les algorithmes de recherche avec Tabou, les algorithmes de recherche avec dispersion et les algorithmes de colonie de fourmis ont tous une forme de mémoire. Ces algorithmes fonctionnent sous le schéma générique où après initialisation de la mémoire, une solution est construite en utilisant les informations contenues dans la mémoire. La solution obtenue est ensuite améliorée par l'application d'une recherche locale. Le résultat est utilisé pour mettre à jour la mémoire. Ce processus est répété tant que le critère d'arrêt choisi n'est pas satisfait.

L'approche comporte donc les étapes suivantes :
- sauvegarder l'historique de la recherche en mémorisant les solutions (ou certains éléments des solutions) ;
- utiliser les informations mémorisées afin de créer de nouvelles solutions ;
- relancer à nouveau le processus de recherche à partir des nouvelles solutions qui viennent d'être construites et alimenter la mémoire de la recherche.

La mémoire adaptative permet de mettre à la disposition du processus de recherche des informations retenues au cours des phases de recherche précédentes. Ces informations sont utilisées pour générer de nouvelles solutions. Ce concept de mise en mémoire des meilleurs résultats trouvés au cours du processus de recherche permet de rassembler progressivement les caractéristiques des bonnes solutions et, à plus forte raison, de la solution optimale. La mémoire adaptative permet donc au processus de résolution d'avoir un champ de vision plus large formé par toutes les solutions présentes dans le pool. Cette caractéristique permet, entre autre, d'améliorer les chances d'échapper aux optima locaux.

Ainsi, pour qu'une heuristique soit plus efficace, elle devrait intégrer deux stratégies fondamentales dans son processus de recherche, soit une stratégie d'exploitation (intensification) et une stratégie d'exploration (diversification). La première stratégie assure un comportement local qui a pour objectif d'améliorer la solution en se concentrant sur son voisinage. La seconde stratégie offre la possibilité d'effectuer une recherche en explorant davantage l'espace des solutions. Les deux stratégies ne doivent pas uniquement être utilisées de façon indépendante, mais aussi, de façon complémentaire et interchangeable. Par contre, il peut devenir complexe de conjuguer de façon efficace les deux stratégies. En effet, l'exploration entraîne un examen de l'ensemble des solutions de l'espace de recherche alors que l'exploitation est fructueuse si elle examine en détails le voisinage d'une solution. Ainsi, un compromis acceptable doit être trouvé.

La méthode de recherche par dispersion (Glover *et al.* [40]) permet de conjuguer les deux stratégies précédentes en utilisant une mémoire adaptative comportant deux pools de solutions. Le premier pool est destiné à contenir les solutions de bonne qualité (ou solutions d'élite) pour favoriser une stratégie d'exploitation (stratégie d'intensification) et le second pool comporte des solutions différentes et diversifiées pour assurer une bonne exploration de l'espace des solutions (stratégie de diversification). La génération de solutions à partir des deux pools utilisés conjointement permet de combiner les deux stratégies d'exploitation et d'exploration pour créer des solutions fort-intéressantes.

4.2.2 Mémoire adaptative pour notre problème

Pour résoudre le problème global Mg, nous utilisons une mémoire adaptative s'inspirant de la stratégie de Glover *et al.* [40]. Elle est donc formée de deux pools : un pool *PB* contenant les meilleures solutions et un autre pool de diversité *PD* contenant les solutions ayant une grande diversité par rapport aux solutions présentes dans les deux pools. Les deux pools initiaux sont obtenus à partir de solutions du problème global générées en utilisant le mécanisme de résolution présenté au tableau 4.1.

Plus spécifiquement, un ensemble E de solutions du problème global est généré où $|E| > |PB| + |PD|$. Pour constituer le pool des meilleures solutions PB, nous choisissons les $|PB|$ meilleures solutions de E qui ont des valeurs différentes. Ceci permet d'assurer une plus grande diversité des solutions de PB.

Pour sélectionner les solutions de PD parmi les solutions qui restent dans l'ensemble $E\backslash PB$, nous avons besoin d'une mesure de « dissimilitude » entre deux solutions X_i et X_j. Nous utilisons la mesure proposée par Rego et Leao [66] basée sur le nombre d'arcs différents entre les deux solutions. Plus explicitement, dénotons par $X_i \cup X_j$ et $X_i \cap X_j$ respectivement l'union et l'intersection des ensembles d'arcs des solutions X_i et X_j, alors la mesure de dissimilitude entre X_i et X_j est égale à $d_{ij} = |(X_i \cup X_j) \backslash (X_i \cap X_j)|$. Également, la dissimilitude d'une solution X_j par rapport à un ensemble de solutions $\{X_i : i = 1, 2, ..., r\}$ est égale à $\min_{i=1,2,...,r} d_{ij}$. Le pool de diversité PD est généré en sélectionnant $|PD|$ solutions parmi celles qui restent dans l'ensemble E telle que chaque fois qu'une solution est choisie, sa mesure de dissimilitude est la plus grande par rapport aux solutions déjà choisies dans PB et PD.

4.2.3 Génération d'une nouvelle solution à partir du pool

Avant de préciser le mécanisme pour générer une nouvelle solution à partir des solutions des deux pools, il faut rappeler deux particularités de notre problème qui vont influencer ce mécanisme. D'une part, les contraintes de continuité des soins sont modélisées sous forme de listes de patients rattachées aux différents intervenants. D'autre part, les contraintes de prise de sang peuvent forcer l'ajout d'un ou de deux patients fictifs correspondant à des retours au CLSC pour déposer le sang recueilli. Par conséquent, pour préserver ou du moins faciliter la satisfaction des contraintes évoquées, il est avantageux que la tournée de chaque intervenant soit construite à partir de ses anciennes tournées incluses dans les solutions des pools. Le processus qui consiste à utiliser plusieurs solutions pour en créer une, permet de mieux utiliser l'information contenue dans les pools en vue de produire une nouvelle solution intéressante. De plus, ce type de combinaisons impliquant toutes les solutions des pools a un effet de diversification qui ne peut être que bénéfique à long terme.

Nous avons donc opté pour une recombinaison des solutions des pools qui est assurée par un mécanisme de sélection choisissant, pour chaque intervenant, une tournée à partir de ses tournées figurant dans les solutions des pools. Or, le nombre d'intervenants peut varier d'une solution à l'autre. Nous avons adopté la convention où les intervenants utilisés pour générer une nouvelle solution sont ceux présents dans la meilleure solution rencontrée jusqu'ici. Pour sélectionner la tournée d'un intervenant, nous déterminons d'abord le pool d'où nous allons sélectionner la solution. Ainsi, la tournée sera sélectionnée d'une solution du pool *PB* avec une probabilité p_b ou d'une solution du pool *PD* avec une probabilité 1- p_b. Pour compléter la sélection à l'intérieur du pool choisi, nous utilisons un des opérateurs de sélection proposés dans la littérature sur les algorithmes génétiques :

- Opérateur de sélection par roulette de Goldberg [42] qui consiste à sélectionner les tournées de façon proportionnelle à leur fitness (dans notre cas, la fitness représente le nombre de patients visités). Soit f_i, la fitness de la tournée i, la probabilité p_i de sélectionner la tournée i parmi les t tournées du pool est défini par $p_i = \dfrac{f_i}{\sum_{i=1}^{t} f_i}$.

- Opérateur de sélection par tournoi de Michalewicz [60] qui consiste à sélectionner un ensemble de tournées aléatoirement pour retenir celle ayant la plus grande fitness dans l'ensemble.
- Opérateur de sélection aléatoire qui permet de choisir de façon aléatoire une des tournées candidates.

À titre d'exemple et afin d'illustrer le processus de génération d'une solution à partir du pool, considérons un problème avec douze patients (de 1 à 12) dont les visites sont assurées par trois intervenants *int*1, *int*2 et *int*3. Supposons que les patients 1, 5, 8, 11, colorés en gris dans la figure 4.1, nécessitent une prise de sang alors que les autres patients requièrent une visite régulière. Le CLSC et les patients fictifs sont représentés par le chiffre 0. Nous supposons aussi que les pools sont formés de trois solutions $S1$, $S2$ et $S3$. Pour générer une solution à partir du pool, nous utilisons un opérateur de sélection permettant de choisir pour chacun des intervenants une tournée à partir de ses tournées incluses dans les solutions $S1$, $S2$ ou $S3$. Supposons aussi que cet opérateur a permis de sélectionner pour l'intervenant *int*1 sa tournée dans la solution $S1$, pour l'intervenant *int*2 sa tournée dans la solution $S2$ et pour l'intervenant *int*3 sa tournée dans la solution $S3$. La solution partielle S ainsi générée est représentée dans la figure 4.1. Il est évident que cette solution partielle doit faire l'objet de corrections pour supprimer les patients 3, 6, 8 et 12 qui sont dupliqués et insérer les patients 2, 7, 10 et 11 qui ne sont pas visités. Ce processus de réparation est décrit dans la section suivante.

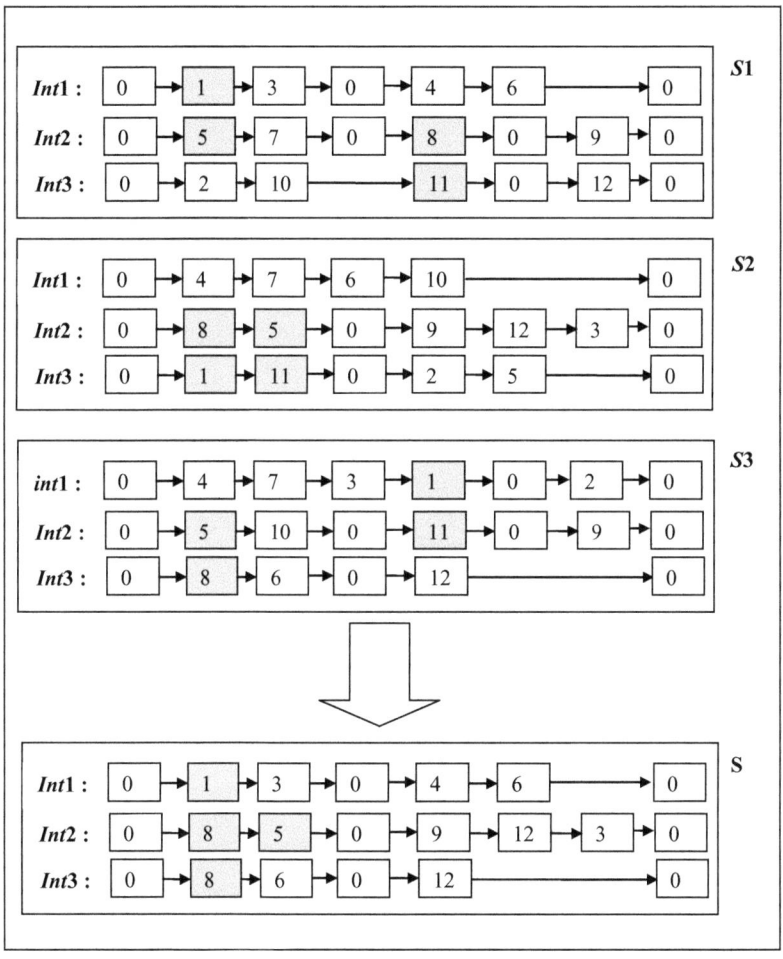

Figure 4.1 : Construction d'une solution à partir des pools

4.2.4 Réparation d'une solution partielle

Pour supprimer des patients dupliqués de la solution partielle générée à partir des pools, plusieurs modes de suppression ont été testés :

- Mode 1 : consiste à parcourir les tournées dans un ordre séquentiel, à conserver la première tournée où apparaît un patient dupliqué et à supprimer ce patient des autres tournées où il apparaît.
- Mode 2 : consiste à conserver, pour chaque patient dupliqué, la meilleure tournée où il apparaît parmi l'ensemble des solutions utilisées pour générer cette solution partielle.
- Mode 3 : dans ce mode, tout patient dupliqué est éliminé de toutes les tournées où il apparaît sauf celle de son intervenant de suivi.

La solution partielle obtenue à la suite du processus de suppression des patients dupliqués doit maintenant être transformée en une solution réalisable du problème global avec une procédure d'insertion des patients non encore visités. Ces patients sont insérés séquentiellement, un à la fois, selon le processus suivant :

- insérer le patient, lorsque c'est possible, dans la tournée de son intervenant de suivi ;
- sinon, insérer le patient dans la tournée d'un des intervenants de son secteur ;
- sinon, insérer le patient dans la tournée d'un des intervenants d'un autre secteur ;
- sinon, introduire un nouvel intervenant pour visiter le patient.

4.2.5 Amélioration de la solution et mise à jour des pools

Pour améliorer la solution obtenue à la fin du processus de réparation nous utilisons la phase 2 du mécanisme de résolution décrit dans le tableau 4.1. La solution générée à la fin de la phase 2 est ensuite utilisée pour mettre à jour les pools. Ainsi, si la valeur de la solution est meilleure que la pire solution de PB, cette dernière est remplacée par la nouvelle solution. Sinon, nous évaluons la dissimilitude de la nouvelle solution par rapport à l'ensemble des solutions des deux pools ($PB \cup PD$). Si celle-ci est meilleure que la pire valeur pour les solutions de *PD*, alors celle-ci est remplacée par la nouvelle solution.

Remarque : Dans ce chapitre, nous avons d'abord introduit un mécanisme de résolution pour générer une solution du problème global Mg. Le mécanisme peut être utilisé pour alimenter les pools de solutions dans une approche multi solutions s'inspirant fortement de la recherche par dispersion de Glover *et al.* [40]. Étant donné que le mécanisme de résolution est initialisé avec une solution pour chaque secteur générée avec une des deux méthodes décrites au chapitre 3 (méthode de type Lau et méthode de type Solomon-Tabou), il s'ensuit que nous avons deux variantes du mécanisme de résolution et deux variantes de l'approche multi solutions selon la méthode utilisée au niveau du secteur.

Chapitre 5
Résultats des Expérimentations

Dans les chapitres 3 et 4, nous avons présenté deux méthodes de résolution du problème propre au secteur, un mécanisme de résolution et une approche multi solutions pour la résolution du problème global des tournées pour les visites à domicile. Afin d'évaluer l'efficacité des méthodes, nous les avons testées sur deux jeux de problèmes. Le premier jeu de problèmes est inspiré des problèmes tests de Solomon [72] alors que le deuxième jeu de problèmes provient d'une application réelle de la division des soins à domicile du CLSC Les Forges à Trois-Rivières. Le premier type de tests consiste à étudier le comportement et la performance de nos méthodes de résolution de même qu'à calibrer les différents paramètres. Avec un bon calibrage de paramètres, nous appliquons nos techniques de résolution du problème global au cas réel.

5.1 Tests pour le problème propre au secteur

5.1.1 Génération des problèmes

Pour générer le premier jeu de problèmes tests au niveau du secteur, nous nous sommes inspirés des problèmes tests de Solomon [72] que nous avons adaptés à notre contexte pour tenir compte des contraintes de prise de sang et de suivi.

Rappelons d'abord comment sont définis les problèmes tests de Solomon [72]. Six ensembles de problèmes tests sont définis : $C1$, $C2$, $R1$, $R2$, $RC1$, $RC2$. Leur conception met en valeur plusieurs facteurs qui affectent le comportement des algorithmes de routage. Ces facteurs sont les données géographiques, le nombre de clients visités par un véhicule, le pourcentage des clients ayant des contraintes de temps et l'intervalle et le positionnement des fenêtres de temps.

Chaque ensemble de problèmes tests comprend entre huit et douze problèmes comportant 100 clients. Les clients sont distribués dans un carré de $[0, 100]^2$ unités. Les clients des problèmes de type C sont regroupés en régions alors que ceux de type R sont distribués uniformément. Les problèmes de type RC combinent ces deux propriétés. Dans notre cas, nous avons choisi de réaliser nos tests avec des problèmes de plus petite dimension où un secteur comporte 25 patients. Nous n'avons donc retenu que les 25 premiers clients générés par les problèmes de Solomon. Chaque problème est testé avec un pourcentage de visites avec prises de sang établi à 25 % ou à 50 %. Une liste de patients de suivi est affectée à chaque intervenant. La taille de la liste de suivi est de 2 ou 4 patients. Ainsi, nous générons 12 problèmes qui sont dénotés comme suit :

- la première et la deuxième lettre désignent le type du problème (qui peut être R, C ou RC) ;
- les positions 3, 4 et 5 indiquent la taille du problème (25_) ;
- les deux positions suivantes indiquent le pourcentage des prises de sang (25 % ou 50 %) ;
- enfin, la dernière position indique la taille de la liste de suivi de chaque intervenant (2 ou 4).

Par exemple, le problème $RC25\_502$ est un problème de type RC, de taille 25 avec 50 % de visites de type prises de sang et 2 patients dans la liste de suivi de chaque intervenant.

5.1.2 Paramètres du modèle M3 et de la recherche Tabou

À l'aide d'un ensemble de tests préliminaires, nous avons déterminé tout d'abord les paramètres de la fonction économique et ensuite ceux de la recherche Tabou utilisée dans nos deux méthodes de résolution du problème propre au secteur.

Rappelons que les paramètres C_1, C_2, C_3 sont liées à l'utilisation des différents types d'intervenants dans la fonction économique. Étant donné que nous n'avons considéré que les intervenants réguliers pour les problèmes tests propres à un secteur, seul le paramètre C_1 associé aux intervenants réguliers reste à préciser puisque l'ensemble des intervenants de la liste de rappel et celui des intervenants fictifs sont vides ($I_s^l = I_s^f = \phi$). Rappelons aussi que le paramètre C_4 représente le coût lorsqu'un patient n'est pas suivi par son intervenant et que le paramètre C_7 correspond au coût d'insertion d'un patient dans la liste d'attente de la méthode de type Lau.

Nous avons déterminé les valeurs de ces paramètres en tenant compte d'un ensemble de priorités. La minimisation des distances parcourues suivie de la minimisation du nombre d'intervenants utilisés sont privilégiées. Ensuite, nous pénalisons davantage le fait qu'un patient demeure dans la liste d'attente par rapport au fait qu'un patient ne soit pas suivi par son intervenant. Les valeurs retenues sont : C_1=400, C_7=200 et C_4=100.

Ensuite, nous avons fixé le nombre maximum d'itérations sans amélioration à 100 parce qu'un bon compromis entre la qualité de la solution et le temps d'exécution a été observé pour cette valeur. Pour la même raison, nous avons fixé l'intervalle de variation de la longueur de la liste Tabou à [5, 10] et nous régénérons, comme nous l'avons expliqué au paragraphe 3.3.1.2, cette longueur à chaque fois que 20 itérations sans amélioration sont complétées. D'autre part, étant donné que nos problèmes tests sont caractérisés par une petite taille, le voisinage de chaque solution courante est généré au complet plutôt que de se contenter d'un échantillon.

5.1.3 Résultats numériques

L'ensemble des tests a été réalisé sur une machine de type PC, équipée d'un processeur AMD cadencé à 2.002 GHz et disposant de 2 Go de mémoire centrale et de 1024 Ko de mémoire cache. Le système d'exploitation installé sur ce poste est un Redhat-Linux-Gnu. Toutes nos méthodes sont exécutées avec le langage Java version 1.5.

Nous avons retenu quatre critères pour évaluer et comparer la performance des deux méthodes de résolution du problème propre au secteur :

- *Coût moyen* : la valeur moyenne de la fonction économique ;
- *NbIntervs moyen* : le nombre moyen d'intervenants utilisés ;
- *NbPSansSuivi moyen* : le nombre moyen de patients dont le suivi n'est pas assuré par son intervenant désigné ;
- *Temps moyen* : le temps CPU moyen utilisé (en secondes).

Chaque type de problème est résolu cinq fois avec cinq valeurs différentes pour le germe. Les valeurs moyennes incluses dans les tableaux de résultats sont les moyennes des solutions de ces cinq résolutions.

Nous avons décidé de considérer explicitement le nombre d'intervenants utilisés et le nombre de patients dont le suivi n'est pas assuré par son intervenant désigné, même si ces derniers sont pris en compte dans le calcul du coût de la solution. Nous voulions ainsi vérifier l'effet de l'approche de base de la méthode de Lau visant à réduire le nombre d'intervenants et son effet sur le suivi des patients.

Les résultats numériques sont résumés dans le tableau 5.1. Les résultats de la première ligne correspondent à ceux obtenus avec la méthode de type Lau (notée MéthodeL) et ceux de la deuxième ligne à ceux obtenus avec la méthode de type Solomon-Tabou (notée MéthodeST). Pour faciliter la lecture du tableau 5.1, trois lignes y sont ajoutées à la fin. En effet, les lignes *Moyenne MéthodeL* et *Moyenne MéthodeST* présentent les moyennes des 4 critères de comparaison pour l'ensemble des problèmes en considérant respectivement la MéthodeL et la MéthodeST. La ligne *Écart* affiche le pourcentage d'écart entre les deux moyennes ainsi calculées.

Les résultats indiquent, qu'en général (pour 11 problèmes sur 12), le temps moyen de résolution pour la méthode de type Lau est plus élevé que celui pour la méthode de type Solomon-Tabou d'environ 57 %. Ceci peut s'expliquer par le fait, qu'avec la méthode de type Lau, une nouvelle recherche Tabou est amorcée chaque fois qu'un nouvel intervenant est introduit.

Cette augmentation du temps de résolution avec la méthode de type Lau est compensée par une amélioration de la qualité de la solution. En effet, en général (11 problèmes sur 12), le coût moyen des solutions obtenues avec la méthode de type Lau est plus petit que celui obtenu avec la méthode de type Solomon-Tabou d'en moyenne 15 %.

Tel qu'attendu (11 problèmes sur 12), le nombre moyen d'intervenants utilisés dans les solutions obtenues avec la méthode de type Lau est inférieur à celui des solutions obtenues avec la méthode de type Solomon-Tabou. L'écart est d'environ 18 %. Par ailleurs, pour le problème

RC25_254, le nombre moyen d'intervenants utilisés est le même pour les deux méthodes. Pour 11 problèmes sur 12, la diminution du nombre d'intervenants se traduit par une perte de qualité au niveau du suivi. Pour un seul problème, le suivi de tous les patients est assuré par l'intervenant désigné, et ce, pour les deux méthodes. Le nombre moyen de patients dont le suivi n'est pas assuré par l'intervenant désigné dans les solutions de la méthode de type Lau augmente de 37 % en moyenne par rapport à la méthode de type Solomon-Tabou.

Problème	MéthodeL MéthodeST	Coût moyen	NbIntervs moyen	NbPSansSuivi moyen	Temps moyen
R_25_252		2405,4	4,0	0,2	0,53
		2622,8	4,6	0,0	0,44
R_25_254		2733,4	4,0	2,6	0,55
		3044,6	4,8	1,6	0,45
R_25_502		2643,0	4,0	1,6	0,46
		2884,6	5,0	0,0	0,48
R_25_504		2982,2	4,2	3,8	0,57
		3404,2	5,6	0,6	0,45
C_25_252		1756,8	3,0	0,0	0,46
		2002,2	3,6	0,0	0,36
C_25_254		1843,6	3,0	0,2	0,43
		2160,0	3,6	0,2	0,34
C_25_502		1862,8	3,0	0,4	0,45
		2121,8	3,8	0,0	0,35
C_25_504		2162,6	3,2	2,2	0,49
		2400,2	4,0	0,6	0,38
RC25_252		3094,6	5,0	1,6	0,66
		3271,2	5,4	1,0	0,45
RC25_254		3674,2	5,4	4,8	0,94
		3648,0	5,4	3,8	0,38
RC25_502		4132,6	6,4	1,2	1,10
		5465,2	7,4	2,2	0,54
RC25_504		5393,0	6,8	8,0	1,08
		6177,4	7,4	8,8	0,47

Moyenne MéthodeL	2819,09	4,24	2,15	0,66
Moyenne MéthodeST	3232,20	5,02	1,57	0,42
Écart	15 %	18 %	37 %	57 %

Tableau 5.1 : Comparaison des méthodes de résolution du problème propre au secteur

5.1.4 Comparaison avec Cplex 9.0

En l'absence de résultats pouvant servir de référence, nous avons utilisé Cplex 9.0 pour résoudre de façon exacte le problème propre au secteur et ainsi valider la qualité de nos méthodes de résolution. Le temps de résolution requis par Cplex 9.0 croît rapidement avec la dimension du problème M3. Nous avons donc utilisé un jeu de problèmes de plus petite taille tirés d'Augerat et al. [2] sur le problème de tournées de véhicules. Ces problèmes comprenant 10 et 12 clients ont été modifiés pour tenir compte des caractéristiques de notre problème. Le pourcentage des visites avec prises de sang a été fixé à 25% ou à 50% et la liste de suivi comprend un ou deux patients pour chacun des intervenants. Il en résulte ainsi 8 problèmes.

Afin d'utiliser Cplex 9.0 pour résoudre le problème M3 lié au secteur, le nombre d'intervenants a été fixé au nombre obtenu par la méthode de type Lau. Nous avons procédé ainsi car lorsque le nombre d'intervenants est variable, le nombre de solutions réalisables devient très élevé rendant le temps de résolution avec Cplex 9.0 excessivement long. À titre d'exemple, Cplex 9.0 réussit à résoudre facilement le problème $P10251$ lorsque le nombre d'intervenants est fixe, mais sans cette modification, il épuise toute la mémoire en 32159,97 secondes sans parvenir à trouver une solution réalisable. Également, des expériences préliminaires ont montré que le paramétrage par défaut de Cplex 9.0 est le plus performant.

Le tableau 5.2 résume les résultats obtenus pour ces problèmes tests. Pour chaque problème, la troisième ligne comporte les résultats obtenus avec Cplex 9.0. La colonne *Coût moyen* indique la moyenne des coûts des 5 solutions générées alors que la colonne *Meilleur coût* indique celui de la meilleure des 5 solutions. La colonne *Déviation* indique le pourcentage de déviation de la meilleure solution de la méthode correspondante par rapport à la meilleure solution pour toutes les méthodes.

Problème	MéthodeL MéthodeST Cplex 9.0	Meilleur coût	Coût moyen	Déviation	Temps moyen
P10251		1069	1071,0	0 %	0,09
		1069	1073,0	0 %	0,05
		1069	1069,0	0 %	14,00
P10252		1074	1074,0	0 %	0,10
		1080	1081,0	0,5 %	0,06
		1074	1074,0	0 %	5,72
P10501		1075	1088,6	0 %	0,08
		1098	1106,4	2,1 %	0,06
		1075	1075,0	0 %	108,26
P10502		1148	1148,4	0 %	0,08
		1148	1155,8	0 %	0,06
		1148	1148,0	0 %	16965,06
P12251		1160	1167,2	0 %	0,08
		1178	1898,0	1,5 %	0,08
		1160	1160,0	0 %	514,00
P12252		1204	1217,2	0 %	0,10
		1218	1224,0	1,1 %	0,08
		1204	1204,0	0 %	8729,14
P12501		1373	2199,6	0 %	0,17
		2396	2413,0	74,5 %	0,13
		-	-	-	29049,27
P12502		1373	2224,0	0 %	0,19
		2446	2464,0	78 %	0,13
		-	-	-	26945,24

Tableau 5.2 : Comparaison des méthodes de résolution du problème propre au secteur avec Cplex 9.0

Les résultats du tableau 5.2 indiquent qu'avec un temps de résolution de 8 heures Cplex 9.0 ne parvient pas à trouver une solution réalisable pour les problèmes $P12501$ et $P12502$. Malgré la petite taille de ces deux problèmes avec 12 patients, la difficulté pour Cplex 9.0 à résoudre les problèmes semble venir surtout des contraintes de prises de sang puisqu'il a réussi à trouver des solutions optimales pour des problèmes de même taille mais avec un pourcentage de prises de sang plus faible (problèmes $P12251$ et $P12252$).

La méthode de type Lau réussit toujours à atteindre la solution optimale des 6 problèmes au cours d'au moins une résolution, et ce, en un temps de calcul beaucoup plus petit que celui de Cplex 9.0. Par contre, la méthode de type Solomon-Tabou ne réussit à atteindre une solution optimale que pour les problèmes $P10251$ et $P10502$. En somme, il semble que même en comparant seulement les méthodes de type Lau et de type Solomon-Tabou, cela nous amène à des conclusions similaires à celles observées à la section 5.1.3 soit que les solutions générées par la méthode de type Lau sont de meilleure qualité que celles générées par la méthode de type Solomon-Tabou mais qu'elles nécessitent plus d'effort en temps de résolution.

5.2 Tests pour le problème global Mg

Dans cette section, nous analysons l'influence des opérateurs de sélection, des modes de suppression et de la taille des pools sur les composantes de l'approche multi solutions pour résoudre le problème global. Nous considérons deux façons de générer le pool initial selon que les solutions des problèmes propres aux secteurs sont obtenues avec la méthode de type Lau ou avec la méthode de type Solomon-Tabou. Nous comparons trois opérateurs pour sélectionner les tournées des intervenants parmi les solutions des pools : la sélection par roulette, la sélection par tournoi et la sélection aléatoire. Aussi, pour supprimer les patients dupliqués dans la solution partielle générée à partir des pools, nous considérons les trois modes de suppression décrits à la section 4.2.4. Finalement, nous considérons trois tailles différentes des pools : 5, 10 et 20 solutions.

5.2.1 Génération des problèmes

Pour générer les problèmes, nous nous sommes inspirés des problèmes tests de Solomon [72] utilisés à la section 5.1 pour le problème propre au secteur, sauf que le nombre de patients est augmenté à 50 et à 100 pour former deux ensembles de problèmes. De plus, nous avons adapté ces problèmes non seulement pour tenir compte des contraintes de prises de sang et de suivi, mais également pour générer des secteurs afin de subdiviser le territoire.

Même si la sectorisation du territoire ne fait pas l'objet de notre recherche, nous avons dû utiliser un algorithme de partitionnement pour générer les problèmes tests pour le problème global. Pour faire le découpage en secteurs, nous avons choisi l'algorithme de MacQueen [58] connu sous le nom de l'algorithme de « K-means » ou algorithme des centres mobiles. Cet algorithme permet de regrouper les patients en k secteurs répartis géographiquement. L'algorithme du K-means comporte trois étapes :

Étape 1 : Initialisation : parmi l'ensemble des patients, nous choisissons k patients qui définiront les k centroïdes initiaux de l'algorithme. Le choix de ces patients peut se faire au hasard ou suivant différentes règles (choisir les k éléments les plus représentatifs des secteurs, les plus éloignés, ...).

Étape 2 : Réallocation : après avoir calculé la distance entre chaque patient et chacun des centroïdes, nous affectons chaque patient au secteur du centroïde le plus proche. Chaque secteur est défini comme étant une entité regroupant un centre et tous les patients qui lui sont affectés. La distance généralement utilisée par le K-Means est la distance euclidienne.

Étape 3 : Recentrage : nous déterminons le centre de gravité de chaque secteur (qui ne correspond pas nécessairement à un patient) qui devient le nouveau centroïde. Les étapes de réallocation et de recentrage sont répétées jusqu'à ce que le nombre d'itérations atteigne une valeur limite ou jusqu'à ce que les centroïdes des secteurs demeurent approximativement les mêmes pour deux itérations successives.

Une fois les secteurs définis, il faut déterminer les secteurs voisins. Pour cela, un secteur est représenté par un disque dont le centre correspond au centre de gravité de ses patients et dont le rayon est égal à la moyenne des distances entre ce centre et les différents patients du secteur. Ainsi, étant donnés deux secteurs s_i et s_j de rayon r_i et r_j et ayant g_i et g_j comme centres de gravité respectivement, ces deux secteurs sont déclarés voisins si $\left| d(g_i, g_j) - (r_i + r_j) \right| \leq \varepsilon$ où $d(g_i, g_j)$ est la distance euclidienne entre g_i et g_j. La valeur de ε est calculée en tenant compte des caractéristiques des problèmes. Ceci est illustré dans la figure 5.1.

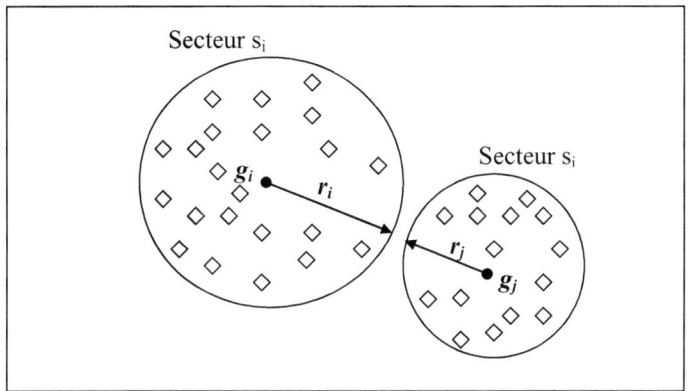

Figure 5.1 : Définition de la notion de voisinage entre deux secteurs

Les paramètres liés aux contraintes de prise de sang et de suivi ont été définis de la même façon que pour le problème propre au secteur. Pour chaque problème, le pourcentage des visites avec prises de sang a été établi à 25 % ou à 50 % et la taille de la liste de suivi des intervenants varie entre 2 ou 4 patients. 24 problèmes ont été testés.

La notation pour représenter les problèmes est similaire à celle des problèmes propres à un secteur. Rappelons, par exemple, que le problème $RC50\_502$ est un problème de type RC, de taille 50 avec 50 % des visites de type prises de sang et 2 patients dans la liste de suivi de chaque intervenant.

5.2.2 Paramètres du modèle Mg et de la recherche Tabou

Un ensemble de paramètres doivent être spécifiés, soit ceux utilisés dans le modèle Mg et ceux de la recherche Tabou utilisé dans le mécanisme et dans l'approche multi solutions du problème global.

En plus des paramètres déjà évoqués dans le modèle M3, les paramètres C_5 et C_6, sont utilisés pour pénaliser respectivement les visites dans les secteurs voisins et dans les autres secteurs. Les critères utilisés dans le modèle M3 ont été repris aussi dans le modèle Mg. De plus, nous considérons que la pénalisation au niveau des secteurs est moins importante puisque le facteur des distances intervient fortement pour limiter les visites intersectorielles. Après une série de tests préliminaires, nous avons retenu les mêmes valeurs que celles utilisées dans le modèle M3 et $C_5=40$ et $C_6=60$.

Nous avons également utilisé les mêmes valeurs de paramètres pour la recherche Tabou que celles des méthodes de type Lau et de type Solomon-Tabou. De plus, le voisinage d'une solution courante est généré au complet.

5.2.3 Résultats numériques

Nous avons analysé l'influence des opérateurs de sélection, des modes de suppression et de la taille des pools sur l'approche multi solutions en considérant les deux façons de générer le pool initial. Nous désignons par approche de type Lau (ApprocheL), la variante de l'approche multi solutions utilisant la méthode de type Lau pour la génération des solutions associées au problème propre au secteur et, par approche de type Solomon-Tabou (ApprocheST), celle utilisant la méthode de type Solomon-Tabou.

5.2.3.1 Influence des opérateurs de sélection

Pour compléter cette analyse, nous avons utilisé le mode de suppression numéro 1 qui consiste à conserver la première tournée où apparaît un patient dupliqué et à supprimer ce patient des autres tournées. Les dimensions des pools sont fixés à 5 ($|PB|=|PD|=5$). De plus, les critères de comparaisons utilisées sont le *Coût moyen* et le *Temps moyen*.

Approche de type Lau

Les résultats numériques pour les 24 problèmes tests sont résumés dans le tableau 5.3 où, pour chaque problème, les résultats obtenus avec la sélection aléatoire, la sélection par tournoi et la sélection par roulette sont affichés par colonne.

Problème	Aléatoire		Tournoi		Roulette	
	Coût moyen	Temps moyen	Coût moyen	Temps moyen	Coût moyen	Temps moyen
R_50_252	4126,2	156,84	4134,2	136,56	4128,2	138,08
R_50_254	4461,4	170,63	4403,0	128,99	4413,6	131,52
R_50_502	5106,2	214,41	5030,2	204,21	5086,8	213,65
R_50_504	5517,6	214,26	5431,0	198,83	5461,0	198,98
R100_252	7765,0	765,92	7465,2	601,65	7472,8	587,08
R100_254	8110,8	778,31	8008,6	616,11	7876,8	569,32
R100_502	8704,0	880,73	8586,2	753,75	8501,4	762,32
R100_504	9578,2	920,76	9299,8	713,67	9222,0	722,00
C_50_252	3264,2	164,61	3192,4	114,02	3239,2	132,87
C_50_254	3425,4	119,09	3410,0	109,98	3471,8	116,06
C_50_502	4028,6	212,99	4004,2	182,19	3999,8	186,98
C_50_504	4226,8	205,31	4218,0	182,35	4204,6	182,10
C100_252	8812,0	689,74	8779,8	561,80	8743,8	580,34
C100_254	9156,4	612,48	9435,0	576,91	9452,6	553,05
C100_502	10719,6	765,40	10698,4	716,41	10387,6	735,52
C100_504	12567,8	804,88	12005,4	740,89	12674,6	736,90
RC_50252	5885,4	160,12	5847,4	148,73	5910,2	159,77
RC_50254	6863,8	162,44	6773,4	150,07	6976,8	160,34
RC_50502	12579,8	216,50	12468,8	210,56	12587,8	221,15
RC_50504	13204,8	207,01	13107,6	200,63	13178,8	207,79
RC100252	9575,8	616,16	9220,4	561,51	9580,2	577,12
RC100254	10473,8	620,97	10683,2	562,19	10861,8	595,43
RC100502	13626,0	699,73	13416,8	684,08	13611,8	698,26
RC100504	15655,6	680,43	15261,8	656,14	16024,4	667,33

Tableau 5.3 : Comparaison des opérateurs de sélection pour l'approche de type Lau

Afin de faciliter l'analyse de l'effet des trois opérateurs de sélection, nous rapportons dans le tableau 5.4 deux types d'informations concernant les critères de comparaison *Coût moyen* et *Temps moyen*. La ligne *% de réussite* indique le pourcentage de problèmes pour lesquels un opérateur génère un résultat aussi bon ou meilleur que les deux autres. La ligne *Générale* présente les moyennes des coûts et des temps de résolution pour les 24 problèmes. Les lignes suivantes affichent ces moyennes par type de problèmes (*Type R*, *Type C* et *Type RC*), par taille de problèmes (*Taille* 50 et *Taille* 100), par pourcentage de prises de sang (*Prise* 25 et *Prise* 50) et enfin par taille des listes de suivis (*Liste* 2 ou *Liste* 4). Les meilleurs résultats sont affichés en gras.

	Aléatoire		Tournoi		Roulette	
	Coût	*Temps*	*Coût*	*Temps*	*Coût*	*Temps*
% de réussite	12,50	0,00	**58,33**	**79,16**	29,16	20,83
Moyenne :						
Générale	8226,47	459,99	**8120,03**	**404,68**	8211,18	409,75
Type R	6671,18	512,73	6544,78	419,22	**6520,33**	**415,37**
Type C	7025,10	446,81	**6967,90**	**398,07**	7021,75	402,98
Type RC	10983,1	420,42	**10847,43**	**396,74**	11091,48	410,90
Taille 50	6057,52	183,68	**6001,68**	**163,93**	6054,88	170,77
Taille 100	10395,4	736,29	**10238,38**	**645,43**	10367,48	648,72
Prise 25	7849,40	461,93	**7737,00**	**406,29**	7770,80	416,10
Prise 50	8603,53	458,05	**8503,07**	**403,06**	8651,57	403,40
Liste 2	7849,40	461,93	**7737,00**	**406,29**	7770,80	416,10
Liste 4	8603,53	458,05	**8503,07**	**403,06**	8651,57	403,40

Tableau 5.4 : Moyennes des opérateurs de sélection pour l'approche de type Lau

À la lumière des résultats des tableaux 5.3 et 5.4, l'opérateur de sélection par tournoi semble être le plus performant au point de vue de la qualité des solutions. En effet, il devance les opérateurs par roulette et aléatoire en générant des solutions de meilleure qualité pour 58,33 % des problèmes. En deuxième position, nous trouvons l'opérateur par roulette avec 29,16% des problèmes alors que l'opérateur aléatoire occupe la dernière position avec 12,5 % des problèmes. Le même classement est observé par rapport au temps de calcul. L'opérateur par tournoi requiert moins de temps de résolution pour 79,16 % des problèmes alors que pour 20,33 % des problèmes, c'est l'opérateur par roulette qui requiert moins de temps.

La même dominance de l'opérateur par tournoi est observée si nous considérons les moyennes selon les divers regroupements de problèmes. Seules les moyennes pour les problèmes de type R sont meilleures avec l'opérateur par roulette.

Ces résultats semblent donc indiquer que le fait d'être plus élitiste, en sélectionnant les meilleures tournées, est bénéfique. En effet, parmi les trois opérateurs, celui par tournoi présente les meilleures solutions.

Approche de type Solomon-Tabou

Les tableaux 5.5 et 5.6 affichent les résultats obtenus par l'approche de type Solomon-Tabou.

Problème	Aléatoire		Tournoi		Roulette	
	Coût moyen	Temps moyen	Coût moyen	Temps moyen	Coût moyen	Temps moyen
R_50_252	4139,0	147,81	4182,8	132,15	4160,0	134,00
R_50_254	4606,8	134,16	4564,4	126,85	4686,8	129,20
R_50_502	5115,8	184,05	5256,2	169,26	4998,6	169,96
R_50_504	5745,8	181,57	5976,6	174,19	5929,6	172,14
R100_252	8035,4	744,10	7658,4	565,44	7591,0	592,50
R100_254	8313,8	652,61	8045,6	583,73	8209,0	610,99
R100_502	9081,0	868,66	8761,0	725,68	8771,2	785,54
R100_504	9575,0	789,86	9636,0	764,11	9744,6	767,97
C_50_252	3489,0	154,99	3472,4	128,87	3563,0	155,70
C_50_254	3680,8	141,56	3672,8	132,17	3743,6	142,79
C_50_502	4080,6	173,23	3969,4	159,69	4072,6	174,49
C_50_504	4391,4	168,17	4570,4	159,78	4577,4	167,52

C100_252	8467,4	627,14	8515,4	532,83	8736,0	597,27
C100_254	9304,6	604,82	9344,0	547,74	9041,6	538,09
C100_502	11003,8	726,12	10793,4	690,43	10846,4	696,18
C100_504	12296,8	753,91	12189,0	689,08	12365,6	732,59
RC_50252	6030,6	149,64	5938,6	141,23	6021,4	156,69
RC_50254	7428,8	155,61	7314,4	145,24	7320,2	154,61
RC_50502	13316,2	208,48	13164,6	186,56	13366,0	212,46
RC_50504	14621,2	191,03	14618,8	184,47	14756,2	198,73
RC100252	9374,4	583,85	9359,0	526,37	9505,6	584,52
RC100254	10587,0	561,48	11079,4	535,95	11006,6	581,73
RC100502	14870,8	671,86	16128,8	620,58	14139,6	660,52
RC100504	16959,6	635,94	16901,4	618,85	17069,0	618,62

Tableau 5.5 : Comparaison des opérateurs de sélection pour l'approche de type Solomon-Tabou

	Aléatoire		Tournoi		Roulette	
	Coût	*Temps*	*Coût*	*Temps*	*Coût*	*Temps*
% de réussite	29,16	0,00	**50,00**	**87,50**	20,83	12,50
Moyenne :						
Générale	8521,48	425,44	8546,37	**385,05**	**8509,23**	405,62
Type R	6826,58	462,85	**6760,13**	**405,18**	6761,35	420,29
Type C	7089,30	418,74	**7065,85**	**380,07**	7118,28	400,58
Type RC	11648,5	394,74	11813,13	**369,91**	**11648,08**	395,99
Taille 50	**6387,17**	165,86	6391,78	**153,37**	6432,95	164,02
Taille 100	10655,8	685,03	10700,95	**616,73**	**10585,52**	647,21
Prise 25	8083,67	436,66	8100,00	381,59	**7980,95**	409,99
Prise 50	**8959,30**	414,23	8992,73	**388,51**	9037,52	401,25
Liste 2	8083,67	436,66	8100,00	**381,59**	**7980,95**	409,99
Liste 4	**8959,30**	414,23	8992,73	**388,51**	9037,52	401,25

Tableau 5.6 : Moyennes des opérateurs de sélection pour l'approche de type Solomon-Tabou

En analysant les résultats du tableau 5.6, nous remarquons que l'opérateur par tournoi génère des solutions de meilleure qualité avec un pourcentage de 50 % des problèmes, suivi de l'opérateur aléatoire avec un pourcentage de 29,16 % et enfin de l'opérateur par roulette avec un pourcentage de 20,83 %. En considérant la moyenne sur l'ensemble des problèmes, l'opérateur par roulette génère des solutions d'une qualité légèrement meilleure de l'ordre de 0,14 % que l'opérateur aléatoire et de l'ordre de 0,43% que l'opérateur par tournoi. Si nous comparons la qualité des solutions générées avec les trois opérateurs selon les divers regroupements de problèmes, nous ne pouvons identifier une dominance marquée d'un des trois opérateurs.

Par contre, en considérant le temps de calcul, nous notons une nette dominance de l'opérateur par tournoi qui requiert moins de temps pour 87,50 % des problèmes. La même dominance est observée en considérant les divers regroupements de problèmes. C'est pour cette raison que nous avons décidé de choisir l'opérateur par tournoi pour cette approche aussi.

À la lumière des résultats obtenus en considérant les deux variantes de l'approche multi solutions, nous pouvons conclure que l'opérateur par tournoi est l'opérateur le plus rapide des trois opérateurs de sélection. De plus, pour la qualité des solutions, l'opérateur par tournoi semble fournir de bonnes solutions pour l'approche de type Lau mais sa dominance diminue légèrement par rapport à l'opérateur par roulette dans le cas de l'approche de type Solomon-Tabou. L'opérateur ainsi retenu, comme opérateur de sélection pour les deux variantes de l'approche multi solutions, est l'opérateur par tournoi.

5.2.3.2 Influence des modes de suppression

Comme dans la section précédente, nous étudions l'influence des modes de suppression introduits à la section 4.2.4 par rapport aux deux variantes de l'approche multi solutions. Pour ce faire, nous avons utilisé l'opérateur de sélection par tournoi pour les deux variantes de l'approche multi solutions et nous avons fixé les dimensions des pools à 5 ($|PB|=|PD|=5$). De plus, nous avons utilisé les mêmes critères de comparaison que dans la section précédente ainsi qu'un tableau similaire des moyennes selon divers regroupements de problèmes pour compléter notre analyse.

Approche de type Lau

Les tableaux 5.7 et 5.8 présentent les moyennes des coûts et des temps de résolution obtenus avec les trois modes de suppression selon divers regroupements de problèmes quand l'approche de type Lau est utilisée.

Problème	*Mode* 1		*Mode* 2		*Mode* 3	
	Coût moyen	*Temps moyen*	*Coût moyen*	*Temps moyen*	*Coût moyen*	*Temps moyen*
R_50_252	4134,2	136,56	4162,8	155,34	4137,0	161,32
R_50_254	4403,0	128,99	4459,2	144,96	4513,4	170,60
R_50_502	5030,2	204,21	5088,4	225,60	5175,4	228,78
R_50_504	5431,0	198,83	5531,2	209,29	5598,0	218,49
R100_252	7465,2	601,65	7644,2	668,45	7700,6	703,32
R100_254	8008,6	616,11	8022,2	685,38	8110,8	770,21
R100_502	8586,2	753,75	8795,4	922,90	8828,8	871,69
R100_504	9299,8	713,67	9507,2	819,19	9578,2	892,39
C_50_252	3192,4	114,02	3202,4	155,38	3267,8	163,40
C_50_254	3410,0	109,98	3459,6	132,20	3524,6	159,39
C_50_502	4004,2	182,19	4025,8	207,01	4005,4	209,34
C_50_504	4218,0	182,35	4211,4	197,86	4239,8	197,84
C100_252	8779,8	561,80	8925,0	691,77	8892,2	670,63
C100_254	9435,0	576,91	9614,4	655,49	9588,8	664,88
C100_502	10698,4	716,41	11569,8	851,68	11077,8	780,77
C100_504	12005,4	740,89	12917,6	844,35	13283,0	810,01
RC_50252	5847,4	148,73	5850,8	177,77	5983,0	174,71
RC_50254	6773,4	150,07	6755,6	165,65	7173,6	171,26
RC_50502	12468,8	210,56	12733,4	242,07	12794,6	234,34
RC_50504	13107,6	200,63	13204,8	238,82	13195,2	216,63
RC100252	9220,4	561,51	9548,8	656,24	9744,6	666,06
RC100254	10683,2	562,19	11137,6	670,23	11271,0	678,27

RC100502	13416,8	684,08	15113,4	778,50	14287,2	713,41
RC100504	15261,8	656,14	16397,4	704,72	16746,0	712,07

Tableau 5.7 : Comparaison des modes de suppression

	Mode 1		Mode 2		Mode 3	
	Coût	*Temps*	*Coût*	*Temps*	*Coût*	*Temps*
% de réussite	91,66	100,00	8,33	0,00	0,00	0,00
Moyenne :						
Générale	8120,03	404,68	8411,60	466,70	8446,53	468,33
Type R	6544,78	419,22	6651,33	478,89	6705,28	502,10
Type C	6967,90	398,07	7240,75	466,97	7234,93	457,03
Type RC	10847,4	396,74	11342,73	454,25	11399,40	445,84
Taille 50	6001,68	163,93	6057,12	187,66	6133,98	192,18
Taille 100	10238,3	645,43	10766,08	745,74	10759,08	744,48
Prise 25	7737,00	406,29	8055,02	477,73	7991,20	464,81
Prise 50	8503,07	403,06	8768,18	455,68	8901,87	471,84
Liste 2	7737,00	406,29	8055,02	477,73	7991,20	464,81
Liste 4	8503,07	403,06	8768,18	455,68	8901,87	471,84

Tableau 5.8 : Moyennes des modes de suppression pour l'approche de type Lau

À la lumière des résultats du tableau 5.8, le mode de suppression numéro 1 s'avère nettement le plus efficace autant du point de vue de la qualité des solutions que du temps de résolution. En effet, ce mode donne de meilleurs résultats pour 91,66 % des problèmes et requiert moins de temps pour tous les problèmes. D'autre part, nous constatons la même dominance du mode de suppression numéro 1 en considérant les divers regroupements de problèmes.

Une explication de l'efficacité du mode numéro 1, peut venir de l'effet diversificateur de son mécanisme (similaire à celui d'une stratégie de diversification) qui conserve le patient dans la première tournée rencontrée et l'élimine des autres tournées, même de celle de l'intervenant désigné pour son suivi (ce qui est une priorité pour le mode numéro 3), ou d'une tournée issue d'une meilleure solution (ce qui est une priorité pour le mode numéro 2). Ceci permet ainsi de modifier la structure de nombreuses tournées impliquées dans le processus de suppression et d'ajouter de la diversification au cours de la résolution du problème pour permettre de sortir des optima locaux.

Approche de type Solomon-Tabou

Nous avons complété une analyse similaire en considérant l'approche de type Solomon-Tabou. Les résultats par problème sont résumés dans le tableau 5.9 et ceux par regroupement de problèmes, dans le tableau 5.10.

Problème	Mode 1		Mode 2		Mode 3	
	Coût moyen	*Temps moyen*	*Coût moyen*	*Temps moyen*	*Coût moyen*	*Temps moyen*
R_50_252	4182,8	132,15	4165,8	148,04	4181,8	150,28
R_50_254	4564,4	126,85	4496,6	144,45	4763,0	158,57
R_50_502	5256,2	169,26	5111,0	187,59	5244,0	195,97
R_50_504	5976,6	174,19	6035,0	187,87	5962,8	191,34
R_100252	7658,4	565,44	7781,2	675,05	7796,0	702,84
R_100254	8045,6	583,73	8368,4	677,88	8594,8	738,85
R_100502	8761,0	725,68	9111,2	897,39	8927,8	881,57
R_100504	9636,0	764,11	9972,0	843,65	10276,6	919,47
C_50_252	3472,4	128,87	3582,6	153,96	3555,4	153,73
C_50_254	3672,8	132,17	3753,6	143,29	3843,2	169,51
C_50_502	3969,4	159,69	4089,6	189,83	3980,8	185,57
C_50_504	4570,4	159,78	4489,0	164,44	4494,4	187,34
C_100252	8515,4	532,83	9036,8	645,55	8841,6	658,86
C_100254	9344,0	547,74	9383,2	630,09	9948,0	669,06
C_100502	10793,4	690,43	11803,2	754,76	11247,2	740,82
C_100504	12189,0	689,08	13214,6	773,34	13984,2	749,08
RC_50252	5938,6	141,23	6036,2	157,00	6022,4	169,43
RC_50254	7314,4	145,24	7491,4	166,83	7709,8	171,10
RC_50502	13164,6	186,56	13631,0	237,77	13755,8	233,19
RC_50504	14618,8	184,47	14832,0	208,50	14413,8	198,19
RC100252	9359,0	526,37	9576,8	629,91	9867,4	617,84

RC100254	11079,4	535,95	11382,6	630,50	12375,0	630,71
RC100502	16128,8	620,58	17452,4	737,17	17124,4	689,26
RC100504	16901,4	618,85	17427,4	670,23	17846,0	694,56

Tableau 5.9 : Comparaison des modes de suppression sur l'approche de type Solomon-Tabou

	Mode 1		Mode 2		Mode 3	
	Coût	Temps	Coût	Temps	Coût	Temps
% de réussite	75,00	100,00	16,66	0,00	8,33	0,00
Moyenne :						
Générale	8546,37	385,05	8842,65	443,96	8948,18	452,38
Type R	6760,13	405,18	6880,15	470,24	6968,35	492,36
Type C	7065,85	380,07	7419,08	431,91	7486,85	439,25
Type RC	11813,1	369,91	12228,73	429,74	12389,33	425,54
Taille 50	6391,78	153,37	6476,15	174,13	6493,93	180,35
Taille 100	10700,9	616,73	11209,15	713,79	11402,42	724,41
Prise 25	8100,00	381,59	8448,15	451,17	8378,72	448,28
Prise 50	8992,73	388,51	9237,15	436,76	9517,63	456,48
Liste 2	8100,00	381,59	8448,15	451,17	8378,72	448,28
Liste 4	8992,73	388,51	9237,15	436,76	9517,63	456,48

Tableau 5.10 : Moyennes des modes de suppression pour l'approche de type Solomon-Tabou

Se référant aux résultats du tableau 5.10, nous observons la même dominance du mode de suppression numéro 1 autant au niveau de la qualité qu'au niveau du temps de résolution dans l'approche de type Lau.

À partir des résultats des tableaux 5.8 et 5.10, nous pouvons conclure en la supériorité du mode de suppression numéro 1. Ainsi, nous avons retenu ce mode pour les deux variantes de l'approche multi solutions. Analysons maintenant l'influence de la taille des pools.

5.2.3.3 Influence de la taille des pools

Dans le but de simplifier l'étude de ce paramètre, nous avons décidé d'allouer la même taille aux deux pools *PB* et *PD*. Suite à des tests préliminaires, nous avons aussi fixé la probabilité p_b de sélection d'une tournée à partir du pool *PB* à 0,8. Par conséquent, la probabilité de sélection dans le pool *PD*, $1-p_b$, vaut 0,2. Nous avons considéré trois tailles différentes de 5, 10 et 20 pour les pools. Les tableaux 5.11 et 5.12 concernent l'approche de type Lau et les tableaux 5.13 et 5.14 celle de type Solomon-Tabou.

Problème	*Taille* = 5		*Taille* = 10		*Taille* = 20	
	Coût moyen	Temps moyen	Coût moyen	Temps moyen	Coût moyen	Temps moyen
R_50_252	4134,2	136,56	4127,0	153,94	4128,6	178,77
R_50_254	4403,0	128,99	4393,2	144,47	4444,2	172,63
R_50_502	5030,2	204,21	5013,2	211,49	4980,0	242,98
R_50_504	5431,0	198,83	5420,6	220,41	5325,6	254,92
R_100252	7465,2	601,65	7500,8	687,69	7466,4	780,04
R_100254	8008,6	616,11	8049,4	722,22	8039,0	836,77
R_100502	8586,2	753,75	8595,4	841,44	8490,2	986,91
R_100504	9299,8	713,67	9302,4	878,36	9129,0	930,82
C_50_252	3192,4	114,02	3151,8	137,66	3122,8	167,24
C_50_254	3410,0	109,98	3344,2	123,17	3345,0	159,39
C_50_502	4004,2	182,19	3955,2	206,3	3904,6	227,71
C_50_504	4218,0	182,35	4220,2	198,95	4201,2	235,61
C_100252	86779,8	561,8	8401,2	638,5	8302,2	700,83
C_100254	9435,0	576,91	9163,4	623,39	9371,8	705,99
C_100502	10698,4	716,41	10522,6	802,76	10293,2	935,52
C_100504	12005,4	740,89	12105	828,95	11872,6	922,29
RC_50252	5847,4	148,73	5865,2	167,38	5904,0	191,06
RC_50254	6773,4	150,07	6790,6	172,57	6736,2	191,06
RC_50502	12468,8	210,56	12083,4	237,07	11906,2	271,70
RC_50504	13107,6	200,63	13096,6	228,28	12185,0	285,72
RC100252	9220,4	561,51	9094,4	667,39	9282,0	720,94
RC100254	10683,2	562,19	10780,8	646,54	10663,6	753,34
RC100502	13416,8	684,08	13184,6	782,30	13523,2	886,19
RC100504	15261,8	656,14	15782,6	750,03	15180,6	868,67

Tableau 5.11 : Influence de la taille du pool sur l'approche de type Lau

	Taille = 5		Taille = 10		Taille = 20	
	Coût	Temps	Coût	Temps	Coût	Temps
% de réussite	12,50	100,00	25,00	0,00	62,50	0,00
Moyenne :						
Générale	8120,03	404,68	8080,98	461,30	7991,55	525,30
Type R	6544,78	419,22	6550,25	482,50	6500,38	547,98
Type C	6967,90	398,07	6857,95	444,96	6801,68	506,82
Type RC	10847,4	396,74	10834,73	456,45	10672,60	521,09
Taille 50	6001,68	163,93	5955,07	183,47	5848,62	214,90
Taille 100	10238,3	645,43	10206,88	739,13	10134,48	835,69
Prise 25	7737,00	406,29	7624,57	461,16	7608,62	524,16
Prise 50	8503,07	403,06	8537,38	461,45	8374,48	526,43
Liste 2	7737,00	406,29	7624,57	461,16	7608,62	524,16
Liste 4	8503,07	403,06	8537,38	461,45	8374,48	526,43

Tableau 5.12 : Moyennes des tailles du pool pour l'approche de type Lau

Les résultats pour l'approche de type Lau résumés dans le tableau 5.12, indiquent que les solutions de meilleure qualité sont obtenues avec la taille de pool 20. En se référant à la moyenne sur l'ensemble des problèmes, la valeur du coût n'est meilleure que celle obtenue avec une taille de pool 5 que par un pourcentage de 1,6 %. Par contre, l'augmentation du temps de résolution avec la taille de pool 20 est de l'ordre de 29,8 % par rapport à celui avec la taille de pool 5.

Problème	Taille = 5		Taille = 10		Taille = 20	
	Coût moyen	Temps moyen	Coût moyen	Temps moyen	Coût moyen	Temps moyen
R_50_252	4182,8	132,15	4150,4	152,51	4150,6	171,44
R_50_254	4564,4	126,85	4655,4	146,77	4674,8	167,17
R_50_502	5256,2	169,26	5111,8	194,60	5056,2	221,52
R_50_504	5976,6	174,19	5959,4	197,54	5908,4	220,79
R_100252	7658,4	565,44	7698,4	698,46	7591,2	760,21
R_100254	8045,6	583,73	8286,0	692,72	8337,2	770,09
R_100502	8761,0	725,68	8809,0	853,67	8723,4	952,68
R_100504	9636,0	764,11	9613,8	866,84	9352,6	1009,31

C_50_252	3472,4	128,87	3473,4	149,44	3509,0	169,79
C_50_254	3672,8	132,17	3672,4	145,02	3678,2	164,82
C_50_502	3969,4	159,69	4038,2	187,52	4032,0	205,10
C_50_504	4570,4	159,78	4368,8	181,82	4304,2	201,39
C_100252	8515,4	532,83	8334,8	631,02	8768,0	690,14
C_100254	9344,0	547,74	9212,2	613,78	8861,0	723,80
C_100502	10793,4	690,43	11161,2	751,69	10464,4	881,59
C_100504	12189,0	689,08	12373,8	747,51	12376,4	835,87
RC_50252	5938,6	141,23	5935,0	155,85	6032,4	183,95
RC_50254	7314,4	145,24	7335,4	163,74	7151,2	178,10
RC_50502	13164,6	186,56	13061,4	225,21	12771,6	244,65
RC_50504	14618,8	184,47	14129,2	219,71	13979,6	237,94
RC100252	9359,0	526,37	9509,6	638,54	9302,4	677,33
RC100254	11079,4	535,95	10986,4	622,56	10775,4	695,35
RC100502	16128,8	620,58	15675,4	706,90	15852,8	801,31
RC100504	16901,4	618,85	16994,2	705,97	16517,6	801,83

Tableau 5.13 : Influence de la taille du pool sur l'approche de type Solomon-Tabou

	Taille=5		Taille=10		Taille=20	
	Coût	Temps	Coût	Temps	Coût	Temps
% de réussite	20,83	100,00	20,83	0,00	58,33	0,00
Moyenne :						
Générale	8546,37	385,05	8522,73	443,72	8423,78	498,59
Type R	6760,13	405,18	6785,53	475,39	6724,30	534,15
Type C	7065,85	380,07	7079,35	425,98	6999,15	484,06
Type RC	11813,1	369,91	11703,33	429,81	11547,88	477,56
Taille 50	6391,78	153,37	6324,23	176,64	6270,68	197,22
Taille 100	10700,9	616,73	10721,23	710,81	10576,87	799,96
Prise 25	8100,00	381,59	8079,88	445,45	8021,17	496,64
Prise 50	8992,73	388,51	8965,58	442,00	8826,38	500,54
Liste 2	8100,00	381,59	8079,88	445,45	8021,17	496,64
Liste 4	8992,73	388,51	8965,58	442,00	8826,38	500,54

Tableau 5.14 : Moyennes des tailles du pool pour l'approche de type Solomon-Tabou

Les mêmes tendances sont observées pour l'approche de type Solomon-Tabou, dans le tableau 5.14. En effet, avec une taille de pool égale à 20, les résultats sont d'une qualité meilleure de l'ordre de 1,4 % par rapport à ceux de la taille de pool 5 alors que l'augmentation du temps de résolution est de l'ordre de 29,48 % par rapport à celui avec la taille de pool 5.

À la lumière des résultats des tableaux 5.12 et 5.14 pour les deux variantes, nous pouvons tirer les conclusions que l'augmentation de la taille du pool entraîne une légère amélioration au niveau de la qualité des solutions obtenues par les deux variantes de l'approche multi solutions et le temps de calcul augmente rapidement avec la taille du pool.

À la lumière de ces résultats, nous avons décidé de fixer les tailles des deux pools à 5. Cette valeur représente un bon compromis entre la qualité de la solution et le temps de calcul.

5.2.3.4 Comparaison des techniques de résolution du problème global

Le tableau 5.15 dresse une comparaison entre les quatre techniques de résolution du problème global : les deux variantes du mécanisme de résolution (la variante utilisant la méthode de type Lau pour la génération des solutions du problème propre au secteur (appelé mécanisme de type Lau et noté MécanismeL) et la variante utilisant la méthode de type Solomon-Tabou pour générer les solutions du problème propre au secteur (appelé mécanisme de type Solomon-Tabou et noté MécanismeST)) et les deux variantes de l'approche de résolution du problème global (ApprocheL et ApprocheST).

Pour effectuer cette comparaison, nous avons utilisé le mode de suppression numéro 1 et l'opérateur de sélection par tournoi pour les deux variantes de l'approche multi solutions. De plus, nous avons fixé les dimensions des pools à 5 ($|PB|=|PD|=5$). Nous avons aussi utilisé les critères de comparaison suivants : *Coût moyen*, *NbIntervs moyen*, *NbPSansSuivi moyen*, *Temps moyen*.

Les résultats numériques sont résumés dans le tableau 5.15 présentant les moyennes selon les mêmes regroupements que dans les sections précédentes. Dans ce tableau 5.15, pour chaque regroupement de problèmes, les résultats des deux premières lignes correspondent à ceux obtenus avec les variantes du mécanisme de résolution (MecanismeL et MecanismeST) et à ceux obtenus avec les variantes de l'approche multi solutions (ApprocheL et Approche ST). Les moyennes présentées au tableau 5.15 sont obtenues à partir des résultats individuels de tous les problèmes.

Moyenne	**MecanismeL**	*Coût Moyen*	*NbIntervs Moyen*	*NbPSansSuivi Moyen*	*Temps Moyen*
	MecanismeST				
	ApprocheL				
	ApprocheST				
Générale		9159,68	13,62	6,34	3,86
		10179,03	15,28	5,23	2,80
		8120,03	**12,19**	4,14	404,68
		8546,37	12,93	**3,17**	**385,05**
Type R		7122,83	11,45	2,43	3,66
		7742,25	12,80	1,48	3,10
		6544,78	**10,55**	1,10	419,22
		6760,13	10,95	**0,55**	**405,18**
Type C		7863,30	12,33	4,70	3,64
		8644,83	13,80	3,98	2,62
		6967,90	**10,70**	2,53	398,07
		7065,85	11,13	**1,98**	**380,07**

Type RC	12492,93	17,08	11,90	4,28
	14150,03	19,23	10,25	2,67
	10847,43	**15,33**	8,80	396,74
	11813,13	16,73	**6,98**	**369,91**
Taille 50	6598,80	9,38	5,23	1,84
	7382,00	10,65	4,02	1,18
	6001,68	**8,70**	3,57	163,93
	6391,78	9,32	**2,67**	**153,37**
Taille 100	11669,30	17,83	7,20	5,92
	12889,52	19,78	6,22	4,49
	10178,92	**15,63**	4,57	648,77
	10628,03	16,45	**3,53**	**613,53**
Prise 25	8727,50	13,57	3,12	3,96
	9664,43	15,10	2,78	2,84
	7737,00	**12,03**	1,92	406,29
	8100,00	12,60	**1,42**	**381,59**
Prise 50	9591,87	13,67	9,57	3,77
	10693,63	15,45	7,68	2,75
	8503,07	**12,35**	6,37	403,06
	8992,73	13,27	**4,92**	**388,51**
Liste 2	8727,50	13,57	3,12	3,96
	9664,43	15,10	2,78	2,84
	7737,00	**12,03**	1,92	406,29
	8100,00	12,60	**1,42**	**381,59**
Liste 4	9591,87	13,67	9,57	3,77
	10693,63	15,45	7,68	2,75
	8503,07	**12,35**	6,37	403,06
	8992,73	13,27	**4,92**	**388,51**

Tableau 5.15 : Moyennes pour les techniques de résolution

Si nous comparons les résultats obtenus avec le mécanisme de type Lau et avec le mécanisme de type Solomon-Tabou, nous constatons que le MecanismeL semble le plus performant en ce qui concerne la qualité des solutions générées. En effet, en se référant aux moyennes pour l'ensemble des problèmes, nous notons que le coût moyen des solutions obtenues avec le mécanisme de type Lau est plus petit de 11 % que celui obtenu avec le mécanisme de type Solomon-Tabou. Ce gain de performance du mécanisme de type Lau au niveau de la qualité se fait au détriment du temps de résolution qui est plus élevé d'environ 38 % que celui du mécanisme de type Solomon-Tabou. D'autre part, le nombre moyen d'intervenants utilisés dans les solutions obtenues par le mécanisme de type Lau est inférieur d'en moyenne 12 % que celui obtenu avec le mécanisme de type Solomon-Tabou. Un nombre d'intervenants plus faible a pour conséquence de réduire le suivi des patients de 21 % en moyenne.

Notons aussi que les problèmes comprenant moins de prises de sang nécessitent moins d'intervenants pour les deux variantes du mécanisme. Par exemple, le nombre d'intervenants utilisés par le regroupement des problèmes de type *prise* 25 (problèmes avec 25 % de visites avec prises de sang) est inférieur de 2 % en moyenne que celui pour les problèmes de type *prise* 50 (problèmes avec 50 % de visites avec prises de sang). Ceci est tout à fait normal car le nombre de retours au CLSC (modélisés sous forme de patients fictifs à visiter) augmente avec le nombre de visites de type prises de sang.

Pour compléter l'analyse des résultats, notons que le mécanisme de type Lau est nettement meilleur que le mécanisme de type Solomon-Tabou pour les autres regroupements de problèmes en ce qui concerne la qualité de la solution. Par contre, pour le temps de calcul, le MecanismeL nécessite plus de temps que celui requis par le MecanismeST. Ceci corrobore ce qui a été observé lors de la comparaison des méthodes de résolution du problème propre au secteur.

Si nous comparons les résultats obtenus avec ApprocheL et ApprocheST dans le tableau 5.15, nous arrivons à des conclusions similaires à celles obtenues lors de la comparaison du MecanismeL et MecanismeST. En effet, les solutions obtenues avec l'approche de type Lau sont de meilleure qualité de 5 % en moyenne que celles obtenues avec l'approche de type Solomon-Tabou. Mais au niveau du temps de résolution, cette dernière requiert un temps de résolution supérieur de 5 % en moyenne à celui de l'approche de type Lau. Ceci est conforme aux résultats obtenus lors de l'analyse de l'effet des paramètres à la section précédente.

Les conclusions du paragraphe précédent ne permettent pas de discerner une nette dominance d'une approche sur l'autre. Pour poursuivre notre analyse nous considérons la courbe d'évolution de la qualité des solutions en fonction du temps pour les deux approches. Les courbes illustrées dans la figure 5.2 correspondent à la ligne *Générale* du tableau 5.15. Elles sont obtenues en calculant pour chaque approche la moyenne des valeurs des meilleures solutions pour les 5 résolutions des 24 problèmes après différentes durées du temps de résolution. Ces moyennes sont calculées à toutes les 20 secondes à partir de la $35^{\text{ième}}$ seconde de résolution (moment où nous sommes assurés que le pool initial de solutions est déjà généré) jusqu'à 375 secondes.

La figure 5.2 indique une nette dominance de l'approche de type Lau par rapport à l'approche de type Solomon-Tabou. Ceci nous permet de conclure que l'approche de type Lau génère des solutions de meilleure qualité que l'approche de type Solomon-Tabou et ce, pour une même période de temps.

Comme les courbes correspondant aux divers regroupements des résultats du tableau 5.15 illustrent des tendances similaires, nous ne les avons pas incluses dans ce document.

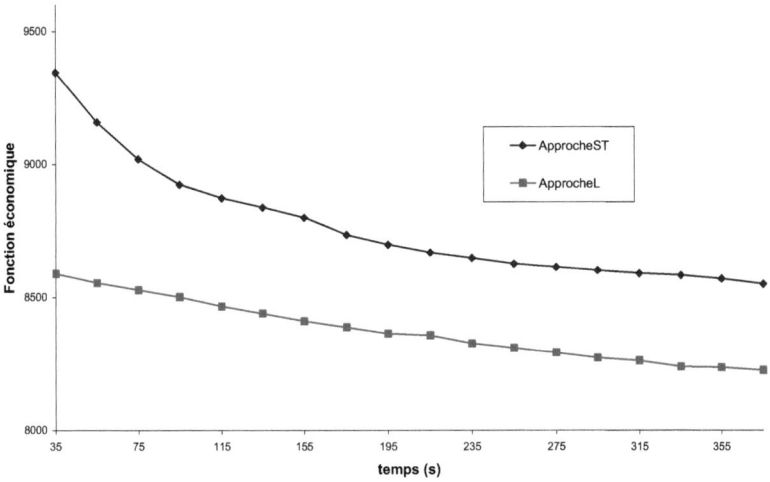

Figure 5.2 : Évolution dans le temps de la trajectoire de descente des approches de type Lau et de type Solomon-Tabou

Finalement, la qualité des résultats obtenus avec les deux variantes du mécanisme de résolution est moins bonne que celle des solutions obtenues avec les variantes de l'approche multi solutions. La qualité des solutions des approches multi solutions est améliorée de 16 % en moyenne, mais leur effort de calcul requis est nettement supérieur à celui des variantes du mécanisme de résolution du problème global puisque nous observons un écart important de l'ordre de 117%.

5.3 Deuxième jeu de problèmes

Afin de poursuivre l'analyse de l'efficacité de nos techniques de résolution, nous allons maintenant utiliser les données du problème réel des soins à domicile du Centre Local de Services Communautaires (CLSC) Les Forges à Trois-Rivières. Le CLSC dessert une clientèle qui varie d'un jour à l'autre mais qui se situe entre 80 et 100 patients. Ces derniers sont répartis sur un territoire comprenant quatre secteurs déjà déterminés (voir figure 5.3). Toutes les visites à domicile sont assurées par un personnel composé de 14 intervenants réguliers et 12 intervenants de la liste de rappel (qui constitue l'équipe volante). Les intervenants réguliers sont affectés par le CLSC à chacun des secteurs et ils peuvent se déplacer entre les secteurs pour compléter leur service. Le CLSC fait appel à des intervenants de l'équipe volante pour combler les besoins dans certains secteurs. Chaque intervenant régulier a une liste de patients pour lesquels il doit assurer le suivi.

Nous avons choisi d'utiliser les données disponibles pour trois jours du mois de septembre 2005. Les trois problèmes correspondants sont dénotés : $P\_1\_9\_05$, $P\_7\_9\_05$ et $P\_9\_9\_05$. Les caractéristiques de ces trois problèmes sont résumées dans le tableau 5.16. Notons que le CLSC nous a fourni une estimation des temps de service pour chaque patient. Il est possible qu'en pratique, le temps de service de certains patients ait été plus élevé. Nous avons dû élaborer la matrice des temps de déplacement entre les patients et entre les patients et le CLSC à partir des adresses civiques. Ces temps ont été majorés afin de tenir compte du temps nécessaire à l'intervenant pour se rendre à son automobile, pour se stationner, etc.

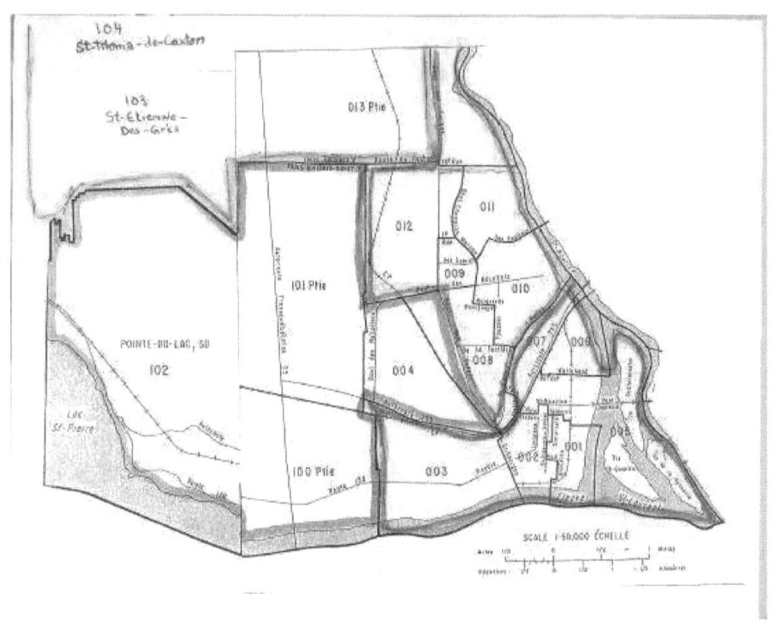

Figure 5.3 : Les secteurs desservis par le CLSC Les Forges à Trois-Rivières

problème	Nombre de patients	Nombre d'intervenants réguliers	Nombre d'intervenants de la liste de rappel	% des prises de sang	Moyenne des patients en suivi par intervenant
P1_09_2005	84	9	4	34,5	3,77 (total 34)
P7_09_2005	92	13	3	45,6	2,92 (total 38)
P9_09_2005	82	9	6	23,1	3,77 (total 34)

Tableau 5.16 : Caractéristiques des problèmes réels

Exemple de tournées

Dans cet exemple, nous présentons deux tournées pour un même intervenant (matricule 188). La première tournée est extraite de la solution manuelle fournie par le CLSC (figure 5.4) et la seconde tournée est extraite de la meilleure solution générée par nos techniques de résolution (figure 5.5).

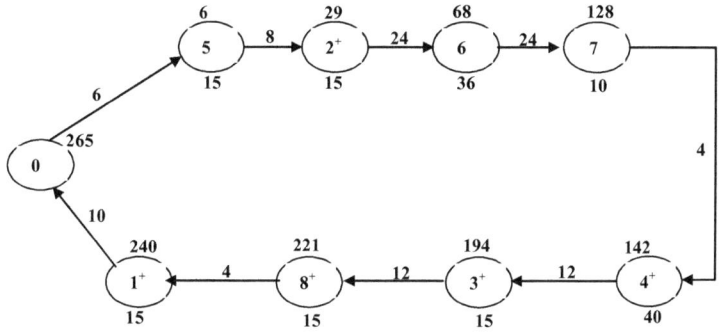

Figure 5.4 : Tournée de l'intervenant 0188 dans la solution manuelle

La figure 5.4 illustre la tournée de l'intervenant 0188 que nous avons reconstituée à partir de la liste des patients visités par ce dernier, extraite de la solution manuelle. Pour établir l'horaire des visites, nous avons utilisé les temps de service fournis par le CLSC et nos estimés des temps de déplacement. Le nœud 0 désigne le CLSC qui constitue le point de départ et de retour de chaque tournée. Les autres nœuds sont identifiés par des numéros désignant les patients visités (le signe + indique qu'il s'agit d'une visite avec prise de sang). Le temps du début de service et la durée du service sont inscrits respectivement en haut et en bas de chaque nœud. Les numéros inscrits au dessus des arcs indiquent les distances qui séparent les nœuds correspondants. Dans cette tournée, nombreuses sont les visites de type prises de sang qui ne sont pas effectuées avant 11h00 (correspond à 180 minutes après le début de la tournée à partir du CLSC (8h00 correspondant à 0 minutes)). En effet, les visites aux patients 3, 8 et 1 sont toutes effectuées après 11h00. De plus, il n y a pas de retour avant 10h00 au CLSC pour la visite de type prise de sang effectuée au patient 2. Aussi, l'heure de la fin de la tournée est 12h25 qui, normalement, ne doit pas dépasser 12h00 (240 minutes).

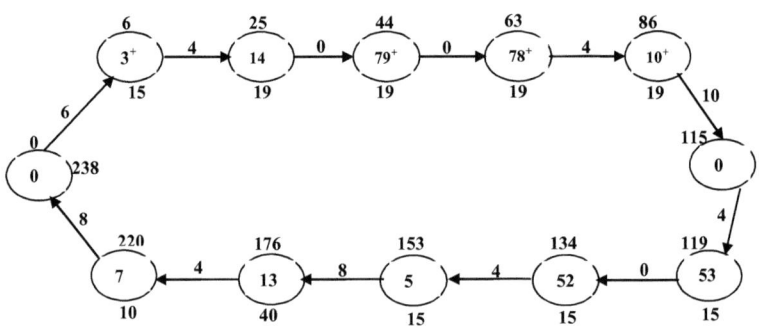

Figure 5.5 : Tournée de l'intervenant 0188 dans la meilleure solution

La figure 5.5 illustre la tournée de l'intervenant 0188 extraite de la meilleure solution générée par nos techniques de résolution du problème global. Évidemment, les patients formant les deux tournées de l'intervenant 0188 ne sont pas les mêmes mais nous y retrouvons les patients 5 et 7 de la liste de suivi. Dans la tournée de l'intervenant 0188 de la figure 5.5 toutes les prises de sang sont effectuées avant le retour de 10h00 au CLSC.

En analysant les solutions utilisées par le CLSC et générées manuellement par une infirmière chef chargée de la planification des tournées, nous avons donc noté certaines irrégularités par rapport aux contraintes :

- de nombreuses prises de sang ne respectent pas la contrainte d'être effectuées avant 11h du matin ;
- certaines visites régulières entraînent un retour des intervenants au CLSC après 12h00 ou sont complétées en après-midi.

Bien que les intervenants doivent satisfaire, en principe, les contraintes relatives aux prises de sang et revenir au CLSC au plus tard à 12h00, ils disposent d'une certaine marge de manœuvre dans l'organisation de leur horaire. Ceci leur permet de déroger en partie à ces contraintes d'où les irrégularités que nous avons observées. Il est à noter que tous nos tests respectent strictement les contraintes de prises de sang et la période de fin des visites à domicile au plus tard à 12h00.

Ces irrégularités de même que les coûts de ces solutions sont résumés dans le tableau 5.17.

problème	Coût manuel	Nombre de prises de sang ne respectant pas les contraintes.	Nombre de visites régulières mal placées.
P1_09_2005	9623	6	4
P7_09_2005	10673	5	2
P9_09_2005	11413	2	4

Tableau 5.17 : Irrégularités des solutions manuelles

Nous avons résolu ces problèmes avec les techniques de résolution MecanismeL, MecanismeST, ApprocheL et ApprocheST afin de comparer nos solutions avec les solutions manuelles et d'évaluer l'efficacité de ces méthodes. Le tableau 5.18 comprend les résultats numériques pour les quatre techniques de résolution. De plus, les moyennes sont calculées à partir de 5 résolutions par variante.

Problème	MécanismeL MécanismeS ApprocheL ApprocheST Manuelle	Coût moyen	NbIntervs moyen	NbPSansSuivi moyen	déviation	Temps moyen
P_1_9_05		9787,00	12,8	1,2	8,1 %	6,55
		10071,8	12,8	3,2	11,2 %	4,93
		9050,6	12,0	0,8	0,0 %	589,11
		9351,4	12,0	2,0	3,3 %	**586,02**
		9623,0	13,0	0,0	6,3 %	-
P_7_9_05		10279,8	15,0	1,6	7,6 %	6,24

	10899,4	15,0	2,0	14,1 %	4,41
	9545,0	14,0	1,0	0,0 %	651,71
	9868,2	14,2	1,2	3,3 %	**633,32**
	10673,0	16,0	0,0	11,8 %	-
P_9_9_05	10794,6	13,6	4,0	7,9 %	4,16
	10863,4	13,6	1,8	8,6 %	3,52
	9998,2	13,0	0,0	0,0 %	408,53
	10153,4	13,0	1,0	1,5 %	**401,33**
	11413,0	15,0	0,0	14,1 %	-

Tableau 5.18 : Résultats des problèmes réels

La déviation du coût moyen pour chaque variante est calculée par rapport au coût moyen des meilleures solutions générées par la variante. La meilleure variante pour les trois problèmes $P\_1\_9\_05$, $P\_7\_9\_05$ et $P\_9\_9\_05$ est l'approche de type Lau avec un pourcentage moyen de l'ordre de 3 %. Par contre, au niveau des temps de résolution, l'approche de type Solomon-Tabou domine l'approche de type Lau avec un pourcentage moyen de l'ordre de 2 %

Quant nous comparons les coûts des solutions manuelles avec les coûts moyens des meilleures variantes, nous observons une déviation moyenne de l'ordre de 11 %. Un pourcentage de déviation moyen de l'ordre de 18,9 % est observé pour le nombre d'intervenants utilisés. Ceci indique une diminution non négligeable du coût et du nombre d'intervenants dans les solutions générées avec l'approche multi solutions. Par contre, il faut considérer ces comparaisons à titre indicatif. En effet, nous comparons les solutions de nos approches informatisées avec celles que nous avons reconstituées à partir des informations disponibles. Il importe de noter que les temps de parcours que nous utilisons sont des estimés approximatifs. Dans la pratique, il faut probablement tenir compte d'impondérables difficilement modélisables. Également, il faut rappeler que la fonction économique de notre modèle est définie en utilisant des pondérations relatives associées au coût total pour la distance de parcours, à celui des visites complétées dans les secteurs voisins et à la pénalité de ne pas respecter la contrainte de suivi. Or les pondérations que nous avons utilisées ne reflètent peut-être pas exactement celles que les responsables ont à l'esprit en pratique lors de leur planification, de sorte qu'une modification de celles-ci pourrait entraîner des solutions différentes. Il n'en reste pas moins que des résultats de ce type sont encourageants et pourraient inciter les gestionnaires à considérer une approche informatisée pour les aider dans la détermination des tournées des visites à domicile.

Des conclusions similaires à celles tirées au paragraphe 5.2.3.4 s'appliquent quand nous comparons les variantes du mécanisme de résolution et celles de l'approche multi solutions. Ainsi, l'utilisation de ce jeu de problèmes réels permet de confirmer les conclusions développées précédemment pour le jeu de problèmes aléatoires concernant la performance de notre approche multi solutions de résolution du problème global.

5.4 Résumé

Ces expérimentations vérifient que l'approche multi solutions pour résoudre le problème global génère des solutions de meilleure qualité que celles générées par le mécanisme de résolution du problème global qui est mono solution. Le prix à payer pour cette qualité supérieure est l'augmentation du temps de résolution. Au niveau du problème propre à chaque secteur, des conclusions similaires s'appliquent quand nous comparons la méthode de type Lau à celle de type Solomon-Tabou.

Conclusion et perspectives

Le système de santé canadien représente une des problématiques aujourd'hui présente dans l'esprit de tous les politiciens et des spécialistes du secteur de la santé. Comment le système peut-il assurer un service de qualité aux Canadiens étant donné une population de plus en plus vieillissante et un budget de santé restreint ? Le développement des soins à domicile représente une piste de solution d'où l'intérêt de cette thèse qui s'inscrit dans le contexte des visites à domicile et qui tente de fournir des solutions permettant d'améliorer la performance et la rentabilité de ce type de soins.

Pour analyser le problème des tournées des intervenants pour les visites à domicile gérées par le CLSC Les Forges de Trois-Rivières, nous avons modélisé et formulé les principales contraintes caractérisant ce problème et nous avons élaboré des méthodes et des techniques de résolution pour trouver des solutions permettant d'améliorer la performance et la qualité de ce type de soins.

Nous avons constaté qu'il y a très peu de travaux sur l'application des méthodes de la recherche opérationnelle pour traiter le problème qui nous intéresse. Il est à noter que nous n'avons considéré que le problème de l'élaboration des tournées des visites à domicile, en supposant que les horaires des intervenants sont déjà disponibles et que le territoire desservi par le CLSC est déjà découpé en secteurs.

Pour modéliser adéquatement le problème, nous avons dû prendre en compte des contraintes reliées aux prises de sang et au suivi des soins aux patients, contraintes qui s'ajoutent et viennent compliquer la structure de base qui s'apparente à celle du problème de routage. Pour résoudre le problème, nous avons élaboré des méthodes de résolution pour le problème propre à un secteur. Nous avons ensuite utilisé ces méthodes pour générer une solution initiale du problème global. Cette solution initiale est améliorée avec un mécanisme itératif. Finalement, nous introduisons une approche multi solutions pour générer des solutions dont la qualité est encore meilleure.

Les valeurs des différents paramètres présents dans les approches de résolution choisies pour résoudre le problème, ont été fixées après avoir effectué des tests sur un ensemble de problèmes générés aléatoirement. Ces mêmes valeurs ont été utilisées pour résoudre les problèmes tirés d'une application réelle. Les résultats sont très encourageants car ces procédures permettent de générer des solutions de très bonne qualité en un temps de résolution réduit.

Notre modélisation se limite à formuler le problème pour une journée à la fois. Une piste à explorer serait de raffiner le modèle pour l'étendre sur une période de plusieurs jours. Cela permettrait sans doute de modéliser encore plus adéquatement les contraintes de suivi de soins des patients. Aussi, il serait utile d'étudier le comportement du modèle dans le cas où certaines de ses contraintes peuvent être transformées en des contraintes « souples », non nécessairement satisfaites, en leur associant des coûts de pénalité dans la fonction économique.

Au niveau de la résolution, il serait intéressant d'explorer le parallélisme découlant du découpage du territoire en secteurs pour résoudre en parallèle les problèmes propres aux secteurs en nous basant sur une architecture maître/esclave. Un deuxième niveau de parallélisme pourrait être introduit au niveau de notre approche multi solutions afin de faire évoluer chacune des solutions du pool.

Enfin, il serait intéressant de remettre en cause la politique de découpage du territoire et de permettre un découpage dynamique dont la configuration pourrait varier au cours de la période de planification afin de mieux rentabiliser le travail des intervenants.

Bibliographie

[1.] Aickelin, U. et K.A. Dowsland, *An Indirect Genetic Algorithm for a Nurse-Scheduling Problem,* Computers & Operations Research, 2004, **31**: p. 761-778.

[2.] Augerat, P., J.M. Belenguer, E. Benavent, A. Corberan, D. Naddef et G. Rinaldi, *Computational Results with a Branch and Cut Code for the Capacitated Vehicle Routing Problem,* Technical Report 949-M, 1995, Université Joseph Fourier, Grenoble, France.

[3.] Badeau, P., F. Guertin, M. Gendreau, J.Y. Potvin et E. Taillard, *A Parallel Tabu Search Heuristic for Vehicle Routing Problem with Time Windows,* Transportation Research C, 1997, **5**(2): p. 109-122.

[4.] Bard, J.F., G. Kontoravdis et G. Yu, *A Branch and Cut Procedure for the Vehicle Routing Problem with Time Windows,* Transportation Science, 2003, **36**(2): p. 250-269.

[5.] Begur, S.V., D.M. Miller et J.R. Weaver, *An Integrated Spatial DSS for Scheduling and Routing Home-Health-Care Nurses,* Interfaces, 1997, **27**: p. 35-48.

[6.] Berger, J., M. Barkaoui et O. Bräysy, *A Parallel Hybrid Genetic Algorithm for the Vehicle Routing Problem with time Windows,* Working paper, 2001, Defence Research Establishment ValCartier, Canada.

[7.] Bertels, S. et T. Fahle, *A Hybrid Setup for a Hybrid Scenario : Combining Heuristics for the Home Health Care Problem,* Computers & Operations Research, 2006, **33**: p. 2866-2890.

[8.] Blais, M., *Le Découpage Territorial pour les Services de Soins de Santé à Domicile,* Département de Mathématiques et de Génie Industriel, Mémoire de maîtrise, 2001, École Polytechnique de Montréal.

[9.] Blais, M., S.D. Lapierre et G. Laporte, *Solving a Home-Care Districting Problem in an Urban Setting,* Journal of the Operational Research Society, 2003, **54**: p. 1141-1147.

[10.] Bozkaya, B., E. Erkut et G. Laporte, *A Tabu Search Heuristic and Adaptive Memory Procedure for Political Distrincting,* European Journal of Operational Research, 2002, **144**: p. 12-26.

[11.] Bräysy, O., *Genetic Algorithms for the Vehicle Routing Problem with Time Windows,* Arpakannus, Special Issue on Bioinformatics and Genetic Algorithms, 2001, **1**: p. 33-38.

[12.] Bräysy, O. et M. Gendreau, *Vehicle Routing Problem with Time Windows, Part I : Route Construction and Local Search Algorithms,* Transportation Science, 2005, **39**(1): p. 104-118.

[13.] Bräysy, O. et M. Gendreau, *Vehicle Routing Problem with Time Windows, Part II : Metaheuristics,* Transportation Science, 2005, **39**(1): p. 119-139.

[14.] Carlton, W.B., *A Tabu Search Approach to the General Vehicle Muting Problem,* Ph.D. thesis, 1995, University of Texas at Austin.

[15.] Chaovalitwongse, W., *GRASP with a New Local Search Scheme for Vehicle Routing Problems with Time Windows,* Technical Report, 2002, Department of Industrial and Systems Engineering, University of Florida.

[16.] Cheng, E. et J.L. Rich, *A Home Health Care Routing and Scheduling Problem,* Technical Report, CAAM TR98-04, 1998, Rice University.

[17.] Chiang, W.C. et R.A. Russell, *A Reactive Tabu Search Metaheuristic for Vehicle Routing Problem with Time Windows,* INFORMS Journal on Computing, 1997, **9**(4): p. 417-430.

[18.] Chiang, W.C. et R.A. Russell, *Simulated Annealing Meta-Heuristics for Vehicle Routing Problem with Time Windows,* Annals of Operations Research, 1996, **63**: p. 3-27.

[19.] Christofides, N., A. Mingozzi et P. Toth, *Exact Algorithms for the Vehicle Routing Problem, Based on Spanning Tree and Shortest Path Relaxation,* Mathematical Programming, 1981, **20**(3): p. 255-282.

[20.] Clarke, G. et J.W. Wright, *Scheduling of Vehicles from a Central Depot to a Number of Delivery Points,* Operations Research, 1964, **12**: p. 568-581.

[21.] Cordeau, J.F., G. Desaulniers, J. Desrosiers, M.M. Solomon et F. Soumis, *The VRP with Time Windows,* G-99-13, 1999, GERAD, Ecole des Hautes Etudes Commerciales, Université de Montréal.

[22.] Cordeau, J.F., G. Laporte et A. Mercier, *A Unified Tabu Search Heuristic for Vehicle Routing Problems with Time Windows,* Journal of the Operational Research Society, 2001, **52**: p. 928-936.

[23.] Desrochers, M., J. Desrosiers et M.M. Solomon, *A New Optimization Algorithm for the Vehicle Routing Problem with Time Windows,* Operations Research, 1992, **40**(2): p. 342-354.

[24.] Erkut, E. et D. Maclean, *Alberta's Energy Efficiency Branch Conducts Transportation Audits,* Interfaces, 1992, **22**: p. 15-21.

[25.] Feo, T. et M.G.C. Resende, *Greedy Randomized Adaptive Search Procedures,* Journal of Global Optimization, 1995, **2**: p. 1-27.

[26.] Ferland, J.A., I. Berrada, I. Nabli, B. Ahiod, P. Michelon, V. Gascon et E. Gagné, *Generalized Assignment Type Goal Programming Problem : Application to Nurse Scheduling,* Journal of heuristics, 2001, **7**: p. 391-413.

[27.] Ferland, J.A. et G. Guénette, *Decision Support System for the School Districting Problem,* Operations Research, 1990, **38**: p. 15-21.

[28.] Fisher, M.L., K.O. Jornsten et O.B.G. Madsen, *Vehicle Routing with Windows: Two Optimization Algorithms,* Operations Research, 1997, **45**(3): p. 488-492.

[29.] Fleischmann, B. et J.N. Paraschis, *Solving a Large Scale Districting Problem: A Case Report,* Computers & Operations Research, 1988, **15**: p. 521-533.

[30.] Gagné, I., *Application d'une Méthode Exacte pour la Génération d'Horaires en Soins Infirmiers,* Département d'Informatique et de Recherche Opérationnelle, Mémoire de maîtrise, 1996, Université de Montréal.

[31.] Gambardella, L.M., E. Taillard et G. Agazz, *MACS-VRPTW: A Multiple Ant Colony System for Vehicle Routing Problems with Time Windows,* McGraw-Hill, Editor, 1999: London, p. 63-76.

[32.] Garcia, B.L., J.Y. Potvin et J.M. Rousseau, *A Parallel Implementation of Tabu Search Heuristic for Vehicle Routing Problem with Time Window Constraints,* Computers & Operations Research, 1994, **21**(9): p. 1025-1033.

[33.] Gehring, H. et J. Homberger, *Parallelization of a Two-Phase Metaheuristic for Routing Problems with Time Windows,* Asia-Pacific Journal of Operational Research, 2001, **18**: p. 35-47.

[34.] Gendreau, M., *An Introduction to Tabu Search,* Technical Report, CRT-2002-25, 2002, Centre de Recherche sur les Transports, Université de Montréal.

[35.] Gendreau, M., A. Hertz et G. Laporte, *New Insertion and Post-Optimization Procedures for the Traveling Salesman Problem,* Operations Research, 1992, **40**(6): p. 1086-1093.

[36.] Glover, F., *Ejection Chains, Reference Structures and Alternating Path Methods for Traveling Salesman Problems,* Discrete Applied Mathematics, 1996, **65**: p. 223-253.

[37.] Glover, F., *Future Paths for Integer Programming and Links to Artificial Intelligence,* Computers and Operations Research, 1986, **5**: p. 533-549.

[38.] Glover, F. et M. Laguna, *Tabu Search*, 1997, Boston: Kluwer Academic Publishers.

[39.] Glover, F. et M. Laguna, *Tabu Search : A Chapter in Modern Heuristic Techniques for Combinatorial Problems*, Reeves C., Blackwell Scientific, 1993: Blackwell, Oxford, p. 70-150.

[40.] Glover, F., M. Laguna et R. Marti, *Scatter Search, in Advances in Evolutionary Computing, Natural Computing Series, Springer*, 2003, p. 519-537.

[41.] Glover, F., E. Taillard et D. De Werra, *A User's Guide to Tabu Search*, Annals of Operations Research, 1993, **41**: p. 3-38.

[42.] Goldberg, D.E., *Genetic Algorithm in Search, Optimization and Machine Learning*, 1989: Addison-Wesley.

[43.] Gutjahr, W.J. et M.S. Rauner, *An ACO Algorithm for a Dynamic Regional Nurse-Scheduling Problem in Austria*, Computers & Operations Research 2007, **34**(3): p. 642-666.

[44.] Hansen, P., *The Steepest Ascent Mildest Descent Heuristic for Combinatorial Programming Congress on Numerical Methods in Combinatorial Optimization*, 1986, Capri, Italy.

[45.] Hertz, A., *Tabu Search for Large Scale Timetabling Problems*, European Journal of Operational Research, 1991, **54**: p. 39-47.

[46.] Hertz, A., E. Taillard et D. De Werra, *Tabu Search, in: Local Search in Combinatorial Optimization*, 1997, Aarts and J. K. Lenstra, J. Wiley & Sons Ltd., p. 121-136.

[47.] Homberger, J. et H. Gehring, *Two Evolutionary Meta-Heuristics for the Vehicle Routing Problem with time Windows*, INFOR, 1999, **37**(3): p. 297-318.

[48.] Hubscher, R. et F. Glover, *Applying Tabu Search with Influential Diversification to Multiprocessor Scheduling*, Computers and Operations Research, 1994, **21**(8): p. 877-884.

[49.] Ibaraki, T., S. Imahori, M. Kubo, T. Masuda, T. Uno et M. Yagiura, *Effective Local Search Algorithms for Routing and Scheduling Problems with General Time-Window Constraints*, Transportation Science, 2005, **39**(2): p. 206-232.

[50.] Kelly, P.J., M. Laguna et F. Glover, *A Study of Diversification Strategies for the Quadratic Assignment Problem*, Computers and Operations Research, 1994, **21**(8): p. 885-893.

[51.] Kilby, P., P. Prosser et P. Shaw, *Guided Local Search for the Vehicle Routing Problem*, 1997, In MIC97, 2nd International Conference on Metaheuristics, Department of Computer Science, University of Strathclyde.

[52.] Kohl, N. et O.B.G. Madsen, *An Optimization Algorithm for the Vehicle Routing Problem with Time Windows Based on Lagrangian Relaxation,* Operations Research, 1997, **45**(3): p. 395-406.

[53.] Kolen, A.W.J., A.H.G. Rinnooy Kan et H.W.J.M. Trienekens, *Vehicle Routing with Time Windows,* Operations Research, 1987, **35**(2): p. 266-273.

[54.] Larsen, J., *Parallelization of the Vehicle Routing Problem with Time Windows*, Department of Mathematical Modeling, Ph.D. thesis, 1999, Technical University of Denmark.

[55.] Lau, H.C., M. Sim et K.M. Teo, *Vehicle Routing Problem with Time Windows and a Limited Number of Vehicles,* European Journal of Operational Research, 2003, **148**: p. 559-569.

[56.] Le Bouthillier, A., *Modélisation UML pour une Architecture Coopérative Appliquée au Problème de Véhicules avec Fenêtres de Temps*, Département d'Informatique et de Recherche Opérationnelle et Centre de Recherche sur les Transports, Mémoire de maîtrise, 2000, Université de Montréal.

[57.] Lin, S. et B. Kernighan, *Computer Solutions of the Traveling Salesman Problem,* Bell System Technical Journal 1965, **44**: p. 2245-2269.

[58.] MacQueen, J., *Some Methods for Classification and Analysis of Multivariate Observations*, in Proceedings of 5-th Berkeley Symposium on Mathematical Statistics and Probability, p. 281-297, 1967, Berkeley, University of California.

[59.] Malandraki, C. et M.S. Daskin, *Time Dependent Vehicle Routing Problems: Formulations, Properties and Heuristic Algorithms,* Transportation Science, 1992, **26**(3): p. 185-199.

[60.] Michalewicz, Z., *Genetic Algorithm + Data Structures =Evolution Programs*, 1996: Springer-Verlag.

[61.] Or, I., *Traveling Salesman Type Combinatorial Problems and their Relation to the Logistics of Blood Banking*, Department of Industrial Engineering and Management Sciences, Ph.D. thesis, 1976, North-Western University.

[62.] Osman Ibrahim, H., *Metastrategy Simulated Annealing and Tabu Search Algorithms for the Vehicle Routing Problems,* Annals of Operations Research, 1993, **40**(1): p. 421-452.

[63.] Potvin, J.Y. et S. Bengio, *The Vehicle Routing Problem with Time Windows-Part II : Genetic Search,* INFORMS Journal on Computing, 1996, **8**: p. 165-172.

[64.] Potvin, J.Y. et C. Robillard, *Clustering for Vehicle Routing with a Competitive Neural Network,* Neurocomputing, 1999, **8**: p. 125-139.

[65.] Potvin, J.Y. et J.M. Rousseau, *An Exchange Heuristic for Routing Problems with Time Windows,* Journal of Operational Research Society, 1995, **46**: p. 1433-1446.

[66.] Rego, C. et P. Leao, *A Scatter Search Tutorial for Graph-Based Permutation Problems*, 2001, Report HCES-10-00, The University of Mississippi.

[67.] Rochat, Y. et E. Taillard, *Probabilistic Diversification and Intensification in Local Search for Vehicle Routing,* Journal of Heuristics, 1995, **1**: p. 147-167.

[68.] Santé Canada, *Activité Internationale en Télésoins à Domicile*, 1998, http://www.hc-sc.gc.ca/ohih-bsi/1998_interc/interc_f.html (Page consultée le 15 mai 2004).

[69.] Santé Canada, *Développement des Soins à Domicile : Programmes Provinciaux et Territoriaux de Soins à Domicile*, 1999, http://www.hc-sc.gc.ca (Page consultée le 10 mai 2004).

[70.] Santé Canada, *Les Questions Relatives aux Ressources Humaines dans le Secteur des Soins à Domicile au Canada : Point de Vue Stratégique*, 1999, http://www.hc-sc.gc.ca (Page Consultée le 10 mai 2004).

[71.] Schulze, J. et T. Fahle, *A Parallel Algorithm for the Vehicle Routing Problem with Time Window Constraints,* Annals of Operations Research, 1999, **86**: p. 585-607.

[72.] Solomon, M.M., *Algorithms for the Vehicle Routing and Scheduling Problems with Time Window Constraints,* Operations Research, 1987, **35**(2): p. 254-265.

[73.] Solomon, M.M. et J. Desrosiers, *Time Window Constrained Routing and Scheduling Problems,* Transportation Science, 1988, **22**(1): p. 1-13.

[74.] Soriano, P. et M. Gendreau, *Fondements et Applications des Méthodes de Recherche avec Tabous*, Technical Report, CRT-969, 1994, Centre de Recherche sur les Transports, Université de Montréal.

[75.] Taillard, E., L.M. Gambardella, M. Gendreau et J.Y. Potvin, *La Programmation à Mémoire Adaptative*, Technical Report, DSIA-79-97, 1997, IDSIA, LUGANO.

[76.] Taillard, E.D., P. Badeau, M. Gendreau, F. Guertin et J.Y. Potvin, *A Tabu Search Heuristic for the Vehicle Routing Problem with Soft Time Windows,* Transportation Science, 1997, **31**: p. 170-186.

[77.] Tang, H. et E. Miller-Hooks, *A TABU Search Heuristic for the Team Orienteering Problem,* Computers & Operations Research, 2005, **32**: p. 1379-1407.

78. Thangiah, S.R., I.H. Osman et T. Sun, *Hybrid Genetic Algorithm Simulated Annealing and Tabu Search Methods for Vehicle Routing Problem with Time Windows*, *Technical Report*, 27, 1994, Computer Science Department, Slippery Rock University.

79. Zhu, K.Q., *A New Genetic Algorithm for VRPTW*, in *International Conference on Artificial Intelligence*, 2000, Las Vegas.

Oui, je veux morebooks!

i want morebooks!

Buy your books fast and straightforward online - at one of world's fastest growing online book stores! Environmentally sound due to Print-on-Demand technologies.

Buy your books online at
www.get-morebooks.com

Achetez vos livres en ligne, vite et bien, sur l'une des librairies en ligne les plus performantes au monde!
En protégeant nos ressources et notre environnement grâce à l'impression à la demande.

La librairie en ligne pour acheter plus vite
www.morebooks.fr

VDM Verlagsservicegesellschaft mbH
Heinrich-Böcking-Str. 6-8   Telefon: +49 681 3720 174   info@vdm-vsg.de
D - 66121 Saarbrücken   Telefax: +49 681 3720 1749   www.vdm-vsg.de

Printed by Books on Demand GmbH, Norderstedt / Germany